नागार्जुन और उनकी कविता

[मूल्यांकन]

नागार्जुन और उनकी कविता

नंदकिशोर नवल

राजकमल प्रकाशन

ISBN : 978-81-267-2936-4

मूल्य : ₹ 350

पहला संस्करण : 2016

प्रकाशक : राजकमल प्रकाशन प्रा. लि.
1-बी, नेताजी सुभाष मार्ग, दरियागंज
नई दिल्ली-110 002

शाखाएँ : अशोक राजपथ, साइंस कॉलेज के सामने, पटना-800 006
पहली मंजिल, दरबारी बिल्डिंग, महात्मा गांधी मार्ग, इलाहाबाद-211 001
36 ए, शेक्सपियर सरणी, कोलकाता-700 017

वेबसाइट : www.rajkamalprakashan.com
ई-मेल : info@rajkamalprakashan.com

मुद्रक : बी.के. ऑफसेट
नवीन शाहदरा, दिल्ली-110 032

NAGARJUNA AUR UNAKI KAVITA
Evaluation by Nandkishore Nawal

श्री अरुण कमल को
सस्नेह

भूमिका

नागार्जुन की कविता से गुजरना बीसवीं शती के प्राय: अंतिम साठ वर्षों के इतिहास से गुजरना है। यह इतिहास विशेष रूप से राष्ट्रीय है, सामान्य रूप से अंतर्राष्ट्रीय। दूसरे, इस इतिहास में समाज और राजनीति ही नहीं, प्रकृति भी शामिल है।

नागार्जुन का जो भुगता हुआ समाज था, वह कांग्रेस-शासित था। स्वभावत: कांग्रेसी शासन के सभी अप्रिय पक्ष उनकी कविता में बहुत निर्ममता से चित्रित हैं। उसकी राजनीति भी वे खूब समझते थे और उस पर उन्होंने घन-प्रहार किया है। अंतर्राष्ट्रीय राजनीति के माध्यम से उन्होंने संकेत दिया है कि वे भी किसी हद तक मुक्तिबोध की तरह एशिया के उपनिवेशों के कवि थे, जो अपनी स्वतंत्रता के लिए संघर्ष कर रहे थे और उसे प्राप्त भी कर रहे थे।

ज्ञातव्य है कि उक्त प्रकृति भी बदलती है। कालिदास के समय जो प्रकृति थी, वह आज नहीं है। इसके अलावा ग्रामीण प्रकृति और शहरी प्रकृति तथा मैदानी प्रकृति और पहाड़ी प्रकृति में भी अंतर होता है। काल और देश दोनों प्रकृति की प्रकृति पर भी असर डालते हैं। ऋतुओं के अनुसार प्रकृति के रूप बदलते हैं, यह हमारा अनुभूत तथ्य है। नागार्जुन में प्रकृति के सभी रूपों के दर्शन होते हैं, क्योंकि वे घुमक्कड़ कवि थे। प्रकृति से उनका कैसा लगाव था, इसका अनुमान इसी बात से लगाया जा सकता है कि हिमालय पर घिरते बादल ही नहीं, वर्षा के जल में धुली एक पत्ती भी उन्हें आनंद से भर देती थी।

इसे संयोग ही कहेंगे कि 1936 में भारतीय प्रगतिशील लेखक संघ का गठन हुआ और उसी वर्ष से उन्होंने हिंदी में काव्य-रचना शुरू की। वैसे मैथिली में वे 1931 से ही लिखते आ रहे थे। प्रगतिशील लेखक संघ से उनका जुड़ाव शीघ्र ही हो गया और एक प्रतिबद्ध कवि की तरह उन्होंने लिखना शुरू किया, लेकिन उनकी प्रतिबद्धता भारतीय कम्युनिस्ट पार्टी तक कभी सीमित नहीं रही। वे उसके बाहर भी विचरण करते रहे और घेरे से बाहर की जनता को भी देखा, अपने प्राकृतिक परिवेश को भी।

1962 के चीनी आक्रमण के बाद पार्टी में विभाजन हुआ। नागार्जुन ने अपने स्वतंत्र मत का परिचय दिया, चीन को आक्रमणकारी मानते हुए उसके विरोध में अनेक तीखी कविताएँ लिखीं और फिर पार्टी-सदस्यता का नवीकरण नहीं कराया, या उसके थोड़े दिनों बाद ही पार्टी छोड़ दी। वे वस्तुतः हार्ड लाइनर थे, इसलिए नक्सलपंथ के उदय का उन्होंने स्वागत किया और उसमें भारत का भविष्य देखा। लेकिन मेरा खयाल है कि उसकी बहुत सारी बातों से वे असहमत थे, जिससे धीरे-धीरे अपने को निर्दलीय कम्युनिस्ट कहने लगे। एक खास बात यह कि सोवियत संघ जब पूर्वी यूरोप के अपने संरक्षित कथित समाजवादी देशों में वहाँ के शासन के विरुद्ध होनेवाले विद्रोह का दमन करता था, तो वे उन देशों का समर्थन करते थे और सोवियत संघ की आलोचना करते थे। तात्पर्य यह कि नागार्जुन के राजनीतिक विचारों में 'जड़ सुसंगति' नहीं थी। मैंने अंग्रेजी के अप्रतिम विद्वान् डॉ. आर.के. सिन्हा के इस कथन के मर्म को बहुत देर से समझा कि 'Consistency is the virtue of an ass.' यह बात जितने जोरदार ढंग से कही गई है, एक कवि के लिए उतनी ही सत्य है।

इस पुस्तक में मैंने नागार्जुन के 'पोएटिक विजन' अथवा कवि-दृष्टि को संपूर्णता में रखने की कोशिश की है। इस कोशिश में यदि उद्धरण अधिक हो गए हैं, तो मैंने उसकी परवाह नहीं की है। ऐसे पाठक आज नहीं हैं, जो आलोचनात्मक संकेतों से कवि की ओर आकृष्ट हों। शायद मेरी यह पुस्तक उनके मन में नागार्जुन-काव्य के प्रति रुचि उत्पन्न कर सके। एक बात मैं यह

भी स्पष्ट कर दूँ कि मैं विद्वानों के लिए नहीं, साधारण पाठकों के लिए लिखता हूँ, इसलिए पुस्तक का सारा ताना-बाना उन्हीं को ध्यान में रखकर बुना गया है। विद्वानों की दृष्टि में यदि यह दोष है, तो मैं यह आरोप सिर झुकाकर स्वीकार कर लूँगा और आत्मरक्षा में और कुछ नहीं कहूँगा।

यही सब सोचते और लिखते-लिखाते यह पुस्तक पूरी हो गई है, जिसका प्रथम श्रेय तरुण कवि-समीक्षक अरुण नारायण को है, जिन्होंने इसका 'डिक्टेशन' लिया है। मेरी सुपुत्री पूर्वा ने इस पुस्तक को लिखने की विधि मुझे बतलाई, जिससे उत्साहित होकर मैंने नागार्जुन रचनावली के आरंभिक दो खंड उठा लिए और उनका परायण शुरू कर दिया। इसके अलावा इस पुस्तक की रचना में डॉ. योगेश और डॉ. राकेश रंजन ने भी रुचि ली है। डॉ. तरुण कुमार और संजय शांडिल्य ने अन्य विधि से मेरी सहायता की है। श्री मनोज कुमार झा (हाजीपुर) ने पांडुलिपि को मुद्रण-योग्य बनाया है। ये सभी मेरे हार्दिक धन्यवाद के पात्र हैं।

अंत में मैं नागार्जुन के ज्येष्ठ पुत्र शोभाकांत मिश्र को अपनी ओर से ही नहीं, संपूर्ण हिंदी संसार की ओर से धन्यवाद देता हूँ, जिनके अथक प्रयत्न से नागार्जुन की लुप्तप्राय रचनाएँ एकत्र की जा सकीं और यह रचनावली निकल सकी। कविताओं की प्रतिलिपि करने में उनसे जहाँ-तहाँ कुछ भूलें हुई हैं, उन भूलों में इजाफा प्रेस ने भी किया होगा। काव्यांश उद्धृत करते समय मैंने यथासंभव उन्हें सुधार दिया है। इत्यलम्।

—नंदकिशोर नवल

18 मार्च, 2016
301, राजप्रिया अपार्टमेंट
बुद्धा कॉलोनी, पटना-800001

अनुक्रम

इन सलाखों से टिकाकर भाल
सोचता ही रहूँगा चिरकाल
और भी तो पकेंगे कुछ बाल
जाने किसकी/जाने किसकी
और भी तो गलेगी कुछ दाल
न टपकेगी कि उनकी राल
चाँद पूछेगा न दिल का हाल
सामने आकर करेगा वो न एक सवाल
मैं सलाखों में टिकाए भाल
सोचता ही रहूँगा चिरकाल...

[इन सलाखों से...]

याद आता है मुझे सिंदूर तिलकित भाल

नागार्जुन की कविता पर लिखी गई पुस्तक का पहला लेख उनकी आत्मनिष्ठ कविताओं पर हो, यह बात कुछ अटपटी लग सकती है। कारण यह है कि वे हिंदी के उन थोड़े-से कवियों में हैं, जो वस्तुनिष्ठ किंवा समाजनिष्ठ रहे हैं। इसके बावजूद यह तथ्य है कि इस कवि ने भी कुछ आत्मनिष्ठ कविताएँ लिखी हैं, जो अतिशय उल्लेखनीय हैं। इतना ही नहीं, उसके कई रूप और स्तर हैं।

निवेदन है कि बिना आत्मनिष्ठता अथवा वैयक्तिकता के कविता संभव ही नहीं है। आज टी.एस. इलियट का निर्वैयक्तिकता का सिद्धांत खंडित हो चुका है, तथापि उनकी यह बात ध्यातव्य है कि निर्वैयक्तिक होने के लिए पहले वैयक्तिक होना जरूरी है, बल्कि निर्वैयक्तिक वही कवि हो सकता है, जो पहले वैयक्तिकता के स्तर से गुजर चुका है। इस अर्थ में नागार्जुन निर्वैयक्तिक कवि ही हैं, लेकिन कभी-कभी उन्होंने सीधे वैयक्तिक कविताएँ लिखी हैं, जिनमें विविध प्रकार का सौंदर्य देखने को मिलता है।

नागार्जुन की स्थिति बहुत कुछ महापंडित राहुल सांकृत्यायन-जैसी रही है। राहुलजी सनातन धर्मावलंबी ब्राह्मण-कुल में उत्पन्न हुए थे, लेकिन उसे छोड़कर पहले आर्य समाज को अपनाया, फिर बौद्ध धर्म को और अंत में मार्क्सवाद को। नागार्जुन भी सनातनी ब्राह्मण ही थे, लेकिन विवाहोपरांत 1935 में उन्होंने आत्मनिर्वासन ग्रहण किया, जिसके प्रत्यक्षतः दो कारण थे। यह उनकी मैथिली की प्रसिद्ध कविता 'अंतिम प्रणाम' में स्पष्टतः कथित है। यथा–

दु:खोदधिसँ संतरण हेतु
चिरविस्मृत वस्तुक स्मरण हेतु

सूतल सृष्टिक जागरण हेतु
हम छोड़ि रहल छी अपन गाम
माँ मिथिले, ई अंतिम प्रणाम

कर्मक फल भोगथु बूढ़ बाप
हम टा संतति, से हुनक पाप
ई जान ह्वैन्हि जनु मनस्ताप
अनको बिसरल थिक हमर नाम
माँ मिथिले, ई अंतिम प्रणाम!

इनमें से अंतिम बंद में स्पष्ट रूप से कहा गया है कि वृद्ध पिता अपने कर्म का फल भोगें और मैं उन्हीं के पाप का फल हूँ। यह सोचकर दूसरों को भी पीड़ा न हो, इसलिए मैं चाहता हूँ कि वे भी मेरा नाम भूल जाएँ। इसमें पिता और अपने संबंध में जो कुछ कहा गया है, उसका संकेत किंचित् विस्तार से नागार्जुन के प्रथम हिंदी उपन्यास 'रतिनाथ की चाची' में मिलता है, जिसकी ताजगी की चर्चा बार-बार डॉ. रामविलास शर्मा ने मुझसे की थी। निस्संदेह इस ताजगी का कारण किसी हद तक नागार्जुन का आत्मसत्य भी है।

गृह-त्यागी होकर वे काशी से बंबई तक का चक्कर लगाते रहे। इस बीच उन्होंने बौद्ध धर्म ग्रहण किया और बाद में मार्क्सवाद को स्वीकार किया। पहले वे 'यात्री' नाम से ही मैथिली और हिंदी, दोनों में कविताएँ लिखा करते थे, पर बौद्ध होने के बाद जब उन्होंने 'नागार्जुन' नाम ग्रहण किया, तो 'यात्री' को मैथिली के लिए सुरक्षित रखकर 'नागार्जुन' नाम से हिंदी में कविता और गद्य दोनों लिखने लगे। आत्मनिर्वासन में भी उनका लिखना और छपना चलता रहा। जब वे मार्क्सवादी हो गए, तो परिवार का महत्त्व उनकी समझ में आया और उत्कट प्यार और आकर्षण से खिंचकर वे घर लौट आए।

राहुलजी के साथ उन्होंने कम्युनिस्ट मोर्चे पर बहुत काम किया। भारतीय कम्युनिस्ट पार्टी का सदस्य बनकर बिहार किसान-सभा से जुड़ी उनकी सेवाएँ स्मरणीय हैं, जिसके वे उपाध्यक्ष थे।

कहा जा चुका है कि नागार्जुन की आत्मपरक या आत्माभिव्यक्तिमूलक कविताओं के कई रूप और स्तर हैं। हम यथासंभव उन्हें एक क्रम से देखने का प्रयास करेंगे। ऐसा नहीं है कि अपनी मातृभूमि को छोड़ते समय उन्हें कोई पीड़ा नहीं हुई। 'निर्वासित' शीर्षक कविता के दो बंदों में वे कहते हैं :

इस आजीवन-दंडित सुत के निर्वासन की याद!
माँ, तिल-तिल करके मत जलना आनखशिख-आपाद!
... ...
सब कुछ भूल गया हूँ, ममता? हाँ, हाँ, वह भी छोड़ी!
सिर पर लगा चला हूँ तेरी चरण-धूलि, बस थोड़ी!

आत्मनिर्वासन की अवस्था में उन्हें कितना कठिन जीवन बिताना पड़ा, यह उनकी 'बेकार' शीर्षक कविता में देखिए—

मानव होकर मानव के ही चरणों में मैं रोया!
दिन बागों में बिता रात को पटरी पर मैं सोया!

राजकीय ये उच्च डिग्रियाँ, ऐसा सुंदर मुखड़ा!
तो भी नहीं किसी ने सुनना चाहा मेरा दुखड़ा!!

कभी घुमक्कड़ यार-दोस्त से मिलकर कभी अकेले—
एक-एक दाने की खातिर सौ-सौ पापड़ बेले!

पहले उद्धरण में 'आनखशिख-आपाद' का सुष्ठु प्रयोग हम देख चुके हैं। दूसरे उद्धरण के संबंध में यह कहना है कि सौंदर्य वही नहीं होता, जहाँ वह ऊपर से दिखलाई पड़ता है, बल्कि वह कवि के अभिव्यक्ति-कौशल में छिपा होता है, जिससे वह वर्ण्य विषय को पूर्णता में उपस्थित करने में समर्थ होता है।

प्रवास-काल में नागार्जुन ने एक कविता लिखी—'सिंदूर तिलकित भाल', जो हिंदी की कालजयी कविता है। इसमें वे कहते हैं : 'घोर निर्जन में परिस्थिति ने दिया है डाल!/ याद आता तुम्हारा सिंदूर तिलकित भाल!' आगे वे किंचित् विस्तार से कहते हैं—

याद आते स्वजन
जिनकी स्नेह से भींगी अमृतमय आँख
स्मृति-विहंगम की कभी थकने ने देगी पाँख
याद आता मुझे अपना वह 'तरउनी' ग्राम
याद आतीं लीचियाँ, वे आम
याद आते मुझे मिथिला के रुचिर भू-भाग
याद आते धान

याद आते कमल, कुमुदिनि और तालमखान
याद आते शस्य-श्यामल जनपदों के
रूप-गुण-अनुसार ही रक्खे गए वे नाम
याद आते वेणुवन वे नीलिमा के निलय अति अभिराम

मैं उन चंद भाग्यवानों में से हूँ, जिसने तरौनी जाकर नागार्जुन के स्वजनों, बगीचों, खेत-पथार, पोखर और उस 'वेणुवन' को भी देख आया हूँ, जिसे उन्होंने अभिजात शब्दावली में 'नीलिमा के निलय, अति अभिराम' कहा है! 'तरउनी' का अर्थ है बाढ़ में डूबा हुआ वह गाँव जहाँ तैरकर ही जाया जा सकता हो। बगल के एक गाँव का नाम 'दहौरा' है। मतलब यह कि जो बाढ़ में बह जाए।

'एक मित्र को पत्र' शीर्षक कविता में नागार्जुन ने प्रवास-काल में ही अपनी पीड़ा का इस रूप में वर्णन किया है—

मैं प्रवासी
मित्र, तुम तो देश में हो
हो रही ईर्ष्या तुम्हारे भाग्य से
पर क्या करूँ,
अभिशप्त ठहरा
बंधु, मेरे पास भी यदि
बाप-दादों की उपार्जित भूमि होती
धान होता बखारों में
आम-कटहल-लीचियों के बाग होते
पोखरा होता मछलियों से भरा
फिर क्या न मैं भी
याद कर प्रथमा द्वितीया या तृतीया (प्रेयसी) को
सात छेदों की रुपहली बाँसुरी में फूँक भरता
वैष्णवों की विरहिणी वृषभानुजा के नाम पर ही सही
फिर भी फूँक भरता...
निकलता चाँदी मढ़ी ससुराल की वह छड़ी लेकर
बीच में मैं, हरित-श्यामल खेत चारों ओर...
श्लील या अश्लील कुछ भी गुनगुनाता मदिर मुग्ध विभोर

ये पंक्तियाँ अपना दोहरा अर्थ रखती हैं। एक तरफ विपन्न कृषक-परिवार के

एक व्यक्ति की आकांक्षा को दर्शाती हैं और दूसरी तरफ जमींदार घराने के व्यक्तियों पर तीखा व्यंग्य करती हैं। दोनों काम नागार्जुन ने असाधारण कल्पनाशक्ति और कौशल के साथ किया है।

मार्क्सवादी होने के बाद नागार्जुन जब घर लौटे, तो 'प्रत्यावर्तन' शीर्षक कविता लिखी और उसमें अपनी पत्नी को संबोधित कर कहा : 'आज, तेरी गोद में यह शीश रखकर/क्या बताऊँ मैं कि जो विश्राम पाया!' कुछ आगे चलकर वे पहले विशिष्ट भाषा में और फिर सरल मार्मिक भाषा में कहते हैं—

शांत हिमवत् के सुशीतल अंक में भी
और मानस के अमल उत्संग में भी!
कहीं भी मैंने नहीं परितृप्ति पाई!
कहीं भी मुझको न गाढ़ी नींद आई!...
मधुर हो तुम और बंधन भी मधुर है
बेड़ियाँ हैं किंतु इनमें दिव्य सुर है

इसी कविता में आगे उन्होंने अपनी पत्नी से कहा है कि तुमने मेरा रास्ता देखते हुए अपनी सारी युवावस्था बिता दी। हृदय में पीड़ा, आँखों में पानी और रात-दिन मेरे बारे में ही सोचना—'देवि, तुम्हारी साधना कितनी कठिन थी!' निष्ठुर होकर अपनी महत्त्वाकांक्षा पर मैंने तुम्हारी ही बलि चढ़ा दी। धर्मपत्नी के प्रति उनके इस दुर्दम प्यार और गहन आकर्षण ने उन्हें पाठकों के लिए स्मरणीय बना दिया है।

नागार्जुन की बाद की एक प्रसिद्ध कविता है 'बहुत दिनों के बाद', जिसमें वे गाँव जाकर अपनी संपूर्ण ऐंद्रिय संवेदना को तृप्त करते हैं। उसकी ये पंक्तियाँ स्मृति में बस जाती हैं : 'बहुत दिनों के बाद/अबकी मैं जी-भर छू पाया/ अपनी गँवई पगडंडी की चंदनवर्णी धूल/— बहुत दिनों के बाद'। गाँव लौटने के कुछ दिनों बाद उन्होंने अपनी पत्नी की कृपा और प्रयास से अपने ज्येष्ठ पुत्र को देखकर दूसरी कालजयी कविता लिखी—'यह दंतुरित मुस्कान'। इसकी आरंभिक पंक्तियाँ—

तुम्हारी यह दंतुरित मुस्कान
मृतक में भी डाल देगी जान
धूलि-धूसर तुम्हारे ये गात...
छोड़कर तालाब मेरी झोपड़ी में खिल रहे जलजात

परस पाकर तुम्हारा ही प्राण,
पिघलकर जल बन गया होगा कठिन पाषाण
छू गया तुमसे कि झरने लग पड़े शेफालिका के फूल
बाँस था कि बबूल?

और अंत में–

देखते तुम इधर कनखी मार
और होतीं जबकि आँखें चार
तब तुम्हारी दंतुरित मुस्कान
मुझे लगती बड़ी ही छविमान!

नागार्जुन पूर्णतः कलमजीवी लेखक थे, बावजूद इसके कि कुछ-कुछ महीनों के लिए उन्होंने छोटी-मोटी नौकरियाँ भी की थीं। 'रवि ठाकुर!' शीर्षक किंचित् लंबी कविता में उन्होंने थोड़े विस्तार से अपने गार्हस्थ्य जीवन के बारे में कहा है–

पैदा हुआ था मैं–
दीन-हीन-अपठित किसी कृषक-कुल में
आ रहा हूँ पीता किसी अभाव का आसव ठेठ बचपन से
कवि! मैं रूपक हूँ दबी हुई दूब का
हरा हुआ नहीं कि चरने दौड़ते!!
जीवन गुजरता प्रतिपल संघर्ष में!!
मुझको भी मिली है प्रतिभा की प्रसादी
मुझसे भी शोभित है प्रकृति का अंचल
पर न हुआ भान कभी!
किया न अनुमान कभी!...
मेरा क्षुद्र व्यक्तित्व
रुद्ध है सीमित है–
आटा-दाल-नमक-लकड़ी के जुगाड़ में!
पत्नी और पुत्र में!
सेठ के हुकुम में!
कलम ही मेरा हल है, कुदाल है!!
बहुत बुरा हाल है!!!

हिंदी के जातीय लेखकों का यही हाल है। शमशेर, त्रिलोचन और मुक्तिबोध के अभावग्रस्त जीवन से हम परिचित हैं। अज्ञेय और निर्मल वर्मा भी हमेशा आर्थिक दबाव में रहते थे, लेकिन एक की सुरुचि और शालीनता तथा दूसरे की आत्मस्थता तथा अंतर्मुखता उनकी परेशानी को छिपाए रखती थी। मैं जानता हूँ कि अज्ञेय ने साहित्य अकादेमी में महज तीन हजार रुपयों के काम के लिए निर्णय हो चुकने के बाद दबी जुबान से कहा था—यह काम तो मैं भी कर सकता था! जहाँ तक निर्मलजी की बात है, उनको एक पुराना और घिसा हुआ फुलपैंट पहने मैंने स्वयं देखा है। कई वर्ष पूर्व हिंदी के एक नए कवि-कथाकार ने मुझे लिखा था—मुझे हिंदी से क्या मिला? मैंने कुढ़कर उन्हें उत्तर दिया था—दिल्ली में आपका अपना फ्लैट है, आपके पास अपनी कार है, आपकी धर्मपत्नी भी कमाऊ हैं और आपका बेटा अमरीका में पढ़ता है! अब आपको हिंदी से क्या चाहिए?

उक्त कविता की तरह नागार्जुन ने अपनी अन्य कविताओं में भी बीच-बीच में अपना हाल बयान किया है। 'एक मित्र को पत्र' में—

कलम घिसकर कमा लेता रोज पैसे चार
इस तरह के और भी हैं लोग
व्यास औ' वाल्मीकि के स्तुतिकार
कलमघिसुओं का हमारा यह नया संसार
किसी भी श्रीमंत से क्या माँगता है भीख?
लेखनी ही है हमारा फार
धरा है पट, सिंधु है मसिपात्र

'धरा है पट, सिंधु है मसिपात्र' से इस कवि के लेखन की विराटता समझी जा सकती है। उसकी एक विलक्षण कविता है 'सौदा', जो हिंदी में संभवतः लेखक-प्रकाशक-संबंध पर लिखी गई पहली कविता है। नागार्जुन के ज्येष्ठ पुत्र को, जिन पर लिखी गई उनकी कविता 'दंतुरित मुस्कान' के अंश ऊपर उद्धृत किए गए हैं, कुछ दिनों के बाद एक पाँव में बोन टी.बी. हो गई। नागार्जुन 'प्रगतिशील पुस्तकों के पब्लिशर मिस्टर ओसवाल' के यहाँ कुछ अर्थ-प्राप्ति के लिए पहुँचते हैं। प्रकाशक का रौब और लेखक की गिड़गिड़ाहट यहाँ देखने लायक है। मैं नहीं जानता कि हिंदी के किसी आधुनिक कवि में इतनी क्षमता थी कि वह इस अंश को काव्य-निबद्ध कर सके—

चार बीड़ा पान थमाकर बोले मिस्टर ओसवाल :
बिजनेस बिजनेस है!
एमोशनल होने से चलता नहीं काम
जाइए, अभी आप कीजिए आराम...
घिसे हुए रिकार्ड की थर्राती ध्वनि में
बोला आखिर मैं भी :
ठीक ही तो फरमाते हैं आप
मार्केट डल है जेनरल बुक्स का
चारों ओर स्लंपिंग है; मगर! दो साल हो गए
बेटा जकड़ा है बोन टी.बी. की गिरफ्त में
पचास ठो रुपया और दीजिएगा
बतीस ग्राम स्टपटोमासिन कम नहीं होता है
जैसा मेरा वैसा आपका
लड़का ही तो ठहरा
एँ हें हें हें कृपा कीजिएगा
अबकी बचा लीजिएगा... एँ हें हें हें
पचास ठो रुपइया लौंडे के नाम पर!

नागार्जुन की आत्माभिव्यक्तिमूलक कविताओं में सर्वाधिक मर्मस्पर्शी कविता है—'इन सलाखों से टिकाकर भाल'। कविता छोटी है, इसलिए इसे पूरा उद्धृत किया जा रहा है—

इन सलाखों से टिकाकर भाल
सोचता ही रहूँगा चिरकाल
और भी तो पकेंगे कुछ बाल
जाने किसकी/जाने किसकी
और भी तो गलेगी कुछ दाल
न टपकेगी कि उनकी राल
चाँद पूछेगा न दिल का हाल
सामने आकर करेगा वो न एक सवाल
मैं सलाखों में टिकाए भाल
सोचता ही रहूँगा चिरकाल...

यह कविता जेल में लिखी गई थी, जब वे संपूर्ण क्रांति के समर्थन के कारण गिरफ्तार किए गए थे और छपरा जेल में डाल दिए गए थे। थोड़े दिनों के बाद उन पर दमा का जोरदार आक्रमण हुआ, जिससे वे छोड़ दिए गए और पटना के अपने डेरे पर लौट आए। मुझे खबर मिली, तो मैं उन्हें देखने गया। वे कंकाल-मात्र रह गए थे और नंगी खाट के किनारे बैठे जोर-जोर से हाँफ रहे थे। कुछ दिनों के बाद मैं फिर गया, तो पाया कि उनका हाँफना तो बंद हो गया है, लेकिन वे अभी स्वस्थ नहीं हुए हैं। यह देखकर मेरा हृदय चीत्कार उठा कि वे सिर्फ सूखी रोटी और प्याज खा रहे थे। 'जाने किसकी/जाने किसकी/और भी तो गलेगी कुछ दाल'—इन पंक्तियों में जान-बूझकर कविता की लय ही भंग नहीं की गई है, कवि की पीड़ाजनित मरोड़ को भी उत्कर्ष पर पहुँचा दिया गया है। कहने की आवश्यकता नहीं कि नागार्जुन बहुत बड़े काव्य-शिल्पी थे। 'चाँद पूछेगा न दिल का हाल/सामने आकर करेगा वो न एक सवाल'—ये सरल पंक्तियाँ उनकी दीनता को असाधारण ढंग से उजागर करती हैं।

नागार्जुन अपनी धर्मपत्नी को कभी नहीं भुला सके। 'यह तुम थीं' कविता में वे यही नहीं कहते कि 'कर गई चाक/तिमिर का सीना/जोत की फाँक/ यह तुम थीं', यह भी कहते हैं कि 'झुका रहा डालें फैलाकर/कगार पर खड़ा कोढ़ी गूलर/ऊपर उठ आई भादों की तलइया/जुड़ा गया बौने की छाल का रेशा-रेशा/यह तुम थीं!'

खास बात यह कि वे प्रतिबद्ध कवि थे, लेकिन आत्माभिव्यक्ति के माध्यम से ही 'विवशता' शीर्षक कविता में उन्होंने स्पष्ट कर दिया है कि उनकी प्रतिबद्धता मनुष्य और उसके समाज के प्रति ही नहीं, प्रकृति के प्रति भी है। इस कविता की निम्नलिखित पंक्तियाँ देखिए, जो कथ्य से ही नहीं, कवित्व-गुण से भी भरपूर हैं—

लुटा-लुटाकर स्वर्णकिरण के कोष
ऊँचा-ऊँचा उड़ने को मजबूर
पंख सुनहले जिसके हैं मशहूर
जनजीवन के अंतस्तल तक
घुस न सका यदि मेरा यह कवि
तो इसमें क्या उसका ही है दोष?
समझ-बूझ लो, फिर करना अभिरोष!
शिप्रा तट पर, तमसा तट पर
चंपक वन में, नीम कुंज में

सादी डालों तुनुक टहनियों वाले जामुन के जंगल में
मेरा कवि
चितकबरी ज्योत्स्ना का अभिसार किया करता है
यदि हो यह अपराध, दंड दो
मैं न बुरा मानूँगा।

उर्दू के अंतर्राष्ट्रीय ख्यातिप्राप्त शायर फैज अहमद फैज आखिरी बार जब भारत आए, तो यहाँ के कई शहरों में गए। सर्वत्र उनके सम्मान में साहित्यिक गोष्ठियाँ आयोजित की गईं। ऐसी ही एक गोष्ठी में एक श्रोता ने उठकर उनसे एक सरल प्रश्न किया—कविता किसे कहेंगे? फैज गंभीर हो गए और सोचने लगे। फिर थोड़ी देर बाद बोले—कविता का मतलब है अपने आपसे सच बोलना। सरल प्रश्न का यह सरल उत्तर कितना गहन है, कहने की जरूरत न होनी चाहिए। नागार्जुन की कविता 'तन गई रीढ़' इसे उदाहृत करती है। 'झुकी पीठ को मिला/ किसी हथेली का स्पर्श/तन गई रीढ़'—इस प्रथम बंद के बाद कविता के अंतिम दो बंदों में वे कहते हैं—

गूँजी कहीं खिलखिलाहट
टूक-टूक होकर छितराया सन्नाटा
भर गए कर्णकुहर
तन गई रीढ़

आगे से आया
अलकों के तैलाक्त परिमल का झोंका
रग-रग में दौड़ गई बिजली
तन गई रीढ़।

'टूक-टूक होकर छितराया सन्नाटा'—यह उक्ति जितनी चित्रात्मक है, उतनी ही नवीन भी। अंत में मैं अमिय-बिंदु की तरह उनकी 'ना सही' शीर्षक कविता उद्धृत करके इस लेख का समापन करता हूँ। देखिए—

गोरी कलाइयों पर
हरी-हरी चूड़ियाँ
पूरा मुखमंडल
बैंगनी घूँघट की ओट में...

और कुछ दिखाई ना भी पड़े
ना सही
अपना क्या जाता है
अपना क्या आता है!

निस्संदेह इन पंक्तियों में कवि का सौंदर्यबोध चरमोत्कर्ष को प्राप्त करता है। जरूरी नहीं कि सौंदर्य सुंदर वस्तुओं में ही हो। इसे तो संयोग ही कहेंगे कि यहाँ विषय भी सुंदर है और वर्णन भी। एक बात यह भी है कि यह कविता हमारी कल्पनाशक्ति को भी उत्तेजित करती है, जो चित्र को पूरा और पूर्णतः स्पष्ट करने में सहायक होती है।

प्रतिबद्ध हूँ

1940 में रजनी पाम दत्त की पुस्तक 'इंडिया टुडे' का प्रकाशन हुआ। उसमें उन्होंने गहन शोध के आधार पर आँकड़ों के साथ यह बतलाया था कि भारत में ब्रिटेन की कितनी पूँजी लगी है, जिसके माध्यम से ब्रिटिश साम्राज्यवाद इस देश का शोषण कर रहा है। उनका निष्कर्ष यह था कि आजादी मिलने के बाद ब्रिटिश यहाँ से विदा हो जाएँगे, तथापि उनकी पूँजी इस देश में कायम रहकर शोषण के क्रम को जारी रखेगी। तात्पर्य यह कि सच्ची आजादी के लिए मात्र राजनीतिक आजादी से कोई फर्क पड़नेवाला नहीं है। उसके लिए आर्थिक आजादी जरूरी है। मार्क्सवाद में अर्थव्यवस्था को आधार और राजनीति को अधिरचना कहा गया है। कम्युनिस्ट विचारकों ने इसका सीधा अर्थ निकाला कि बिना आर्थिक आजादी के मात्र राजनीतिक आजादी झूठी है। सच्ची आजादी के लिए राजनीतिक आजादी के साथ आर्थिक आजादी भी जरूरी है। पंडित नेहरू-जैसे विचारकों ने राजनीतिक आजादी को आर्थिक आजादी की दिशा में एक कदम माना, पर उन्होंने इस विचार को गैरवैज्ञानिक कहकर ठुकरा दिया।

'इंडिया टुडे' का भारतीय कम्युनिस्ट पार्टी की नीतियों और कार्यक्रम पर बहुत गहरा असर पड़ा। यहाँ की पार्टी भी कहने लगी कि 15 अगस्त, 1947 को मिली आजादी झूठी है, सच्ची आजादी के लिए आर्थिक आजादी जरूरी है। डॉ. रामविलास शर्मा-जैसे मार्क्सवादी, जिनके निष्कर्ष परिस्थितियों के वस्तुगत अध्ययन पर कभी आधारित नहीं होते थे और जो हमेशा मनोगत धारणा के आधार पर निर्णय देते थे, यह मानते थे कि भारतीय कम्युनिस्ट पार्टी सर्वहारा-क्रांति के दो-तीन अवसर गँवा चुकी है।

रजनी पाम दत्त की पुस्तक का ही यह असर हुआ कि कम्युनिस्टों ने आजादी की लड़ाई में भाग नहीं लिया। दिलचस्प है कि जब द्वितीय विश्वयुद्ध

छिड़ा और जनतंत्र बनाम नाजीवाद और फासीवाद के बीच संघर्ष होने लगा, तो कांग्रेस ने भी जनतंत्र के पक्षधर मित्र राष्ट्रों के प्रति अपनी सहानुभूति दिखलाई, पर वायसराय को लिखा कि एक निरंकुश साम्राज्यवाद के उपनिवेश द्वारा आप समग्र देश का समर्थन चाहते हैं, तो हमें तुरत स्वतंत्र कर दें। वायसराय ने इस प्रस्ताव को अस्वीकार कर दिया, जिस पर 8 अगस्त, 1942 को महात्मा गाँधी ने कांग्रेस के प्रतिनिधियों को 'करो या मरो' का मंत्र दिया। लेकिन कम्युनिस्टों ने युद्ध को साम्राज्यवादी देशों का आपसी संघर्ष कहकर अपने को हर तरह से अलग रखा। पर जर्मनी ने जब सोवियत संघ पर आक्रमण कर दिया, तो उन्होंने 1942 के आंदोलन का विरोध करते हुए सोवियत संघ के युद्ध को लोकयुद्ध कहा। इसी समय बेगूसराय में उनका एक जुलूस निकला, जिसमें कम्युनिस्टों को 1942 के विद्रोह में राष्ट्रविरोधी नारे लगाते देखकर जनता ने छत पर से उन पर गरम पानी फेंका। वे तब भी नहीं चेते और अपने रास्ते पर बढ़ते गए।

'इंडिया टुडे' के ही प्रभाव में भारतीय कम्युनिस्ट पार्टी ने 1948 में सर्वहारा-क्रांति का कार्यक्रम बना लिया और मुझसे एक पुराने कामरेड ने कहा था कि क्रांति के लिए गुप्त रूप से हथियार भी बाँटे जा चुके थे। 1948 में हैदराबाद निजाम के विरुद्ध तेलंगाना का आंदोलन इसी का परिणाम था, जिसे तत्कालीन गृहमंत्री सरदार वल्लभ भाई पटेल ने बहुत आसानी से दबा दिया। कम्युनिस्टों ने इस बात पर संतोष किया कि उन्होंने निजाम की लाखों एकड़ जमीन को मुक्त करा लिया और उसे किसानों में बाँट दिया। लेकिन इस आंदोलन से उन्होंने असली शिक्षा यह ली कि अभी क्रांति के लिए परिस्थिति तैयार नहीं है।

नागार्जुन की राजनीतिक चेतना इसी दौर में निर्मित हुई, इसलिए उन्होंने अपने को पार्टी की क्रांतिकारी गतिविधियों से प्रतिबद्ध अनुभव किया। पार्टी ने क्रांति की असफलता के बाद अपना रंग-ढंग बदला, लेकिन वे अपनी एक बार पकड़ी गई लाइन पर अंत तक कायम रहे। वे सर्वहारा-क्रांति और सशस्त्र संघर्ष के हिमायती थे, जो उनमें अंत-अंत तक देखने को मिलता है। 'प्रतिबद्ध हूँ' शीर्षक से एक कविता उन्होंने बहुत बाद में लिखी, जिसमें 'प्रतिबद्ध' के साथ दो शब्दों का और प्रयोग किया—'संबद्ध' और 'आबद्ध'। इस पूरी कविता को पढ़ने पर प्रतिबद्धता का व्यापक अर्थ हमारे सामने आता है, जिसे हम इस लेख के अंत में देखेंगे। अभी हमने उस कविता से सिर्फ शीर्षक लिया है और उसे अपने अर्थ में व्यवहृत किया है। बाद में हम उस कविता को भी देखेंगे और 'प्रतिबद्ध' शब्द के अर्थ की व्यापकता का साक्षात्कार करेंगे।

नागार्जुन की पहली प्रतिबद्ध कविता 'लाल भवानी' है, जो इतनी वेगवान् है कि उसके आरंभिक दो बंद उद्धृत किए बिना हमें चैन न मिलेगा। पहला बंद—

झूठ-मूठ सुजला-सुफला के गीत न हम अब गाएँगे,
भात-दाल-तरकारी जब तक नहीं पेट-भर पाएँगे;
सड़ी लाश हैं जमींदारियाँ, इनको हम दफनाएँगे,
गाँव-गाँव पाँतर-पाँतर को हम भू-स्वर्ग बनाएँगे;
खेत हमारे, भूमि हमारी, सारा देश हमारा है,
इसीलिए तो हमको इसका चप्पा-चप्पा प्यारा है;
जमींदार हैं बदहवास, हमने उनको ललकारा है,
जिसका जाँगर उसकी धरती, यही एक बस नारा है;
नाहक ही हम पिटते आए, व्यर्थ लाठियाँ खाई हैं,
पहचाना अब, चोर-चोर सब ये मौसेरे भाई हैं;

होशियार, कुछ देर नहीं है लाल सबेरा आने में,
लाल भवानी प्रकट हुई हैं सुना कि तैलंगाने में!

दूसरा बंद है—

ऊबड़-खाबड़ बालूवाली परती बंजर या ऊसर,
कैसी भी हो, धरती निर्भर रही जोतने वालों पर;
सदियों तक लूटता रहा है, जमा किया है खाएगा,
दो पैसा भी जमींदार अब क्यों मुआवजा पाएगा;
गूँज रहा है दसों दिशा में भूखे खेतिहरों का स्वर,
सुने प्रीमियर, सुने मिनिस्टर, सुनें असिमली के मेंबर;
अंग्रेजी, अमरीकी जोंकें, देशी जोंकें एक हुईं,
नेताओं की नीयत बदली 'भारतमाता' टेक हुई;
राजाओं को अभयदान देकर परजा को आप ठगें,
अड़ड़-अड़ड़ धम अड़ड़-अड़ड़ धम काशमीर में तोप दगें;

कागज की आजादी मिलती ले लो दो-दो आने में,
लाल भवानी प्रकट हुई हैं सुना कि तैलंगाने में!

इन उद्धरणों में अपने विचारों को जिस तरह आविष्ट रूप में और सरल ढंग से उपस्थित किया गया है, उस तरह नागार्जुन-जैसा कोई श्रेष्ठ कवि ही कर सकता

था। 'सच न बोलना' शीर्षक कविता से इस प्रकार का सिर्फ एक उदाहरण और—

जमींदार हैं, साहूकार हैं, बनिया हैं, ब्योपारी हैं,
अंदर-अंदर विकट कसाई, बाहर खद्दरधारी हैं!
सब घुस आए, भरा पड़ा है, भारतमाता का मंदिर,
एक बार जो फिसले अगुआ, फिसल रहे हैं फिर फिर फिर!
छुट्टा घूमैं डाकू गुंडे, छुट्टा घूमैं हत्यारे,
देखो हंटर भाँज रहे हैं जस के तस जालिम सारे!
जो कोई इनके खिलाफ अँगुली उठायगा, बोलेगा,
काल-कोठरी में ही जाकर फिर वह सत्तू घोलेगा!
माताओं पर, बहनों पर, घोड़े दौड़ाए जाते हैं,
बच्चे, बूढ़े बाप तक न छूटते, सताए जाते हैं!
मार-पीट है, लूटपाट है, तहस-नहस बरबादी है,
जोर जुलम है, जेल-सेल है... वाह, खूब आजादी है!

मार्क्सवाद पूर्णतः भौतिकवादी दर्शन है, इसलिए उसमें अध्यात्मवाद के लिए कोई जगह नहीं है। मार्क्स ने कहा था कि धर्म अफीम का नशा है। साथ-साथ उन्होंने यह भी बतलाया था कि वह गरीबों की आह भी है। लेकिन इससे मार्क्सवाद में धर्म के लिए कोई जगह नहीं बन जाती। इसी के प्रभाव में नागार्जुन ने 'योगिराज अरविंद' शीर्षक अत्यंत सशक्त कविता लिखी, जो देखने लायक है। ज्ञातव्य है कि हिंदी के कई कवियों पर अरविंद का गहरा असर था, उदाहरणार्थ सुमित्रानंदन पंत, दिनकर और आरसी प्रसाद सिंह। लेकिन इस बात ने नागार्जुन पर कोई असर नहीं डाला और कविता के आरंभ में ही उन्होंने अरविंद को संबोधित कर जो कहा, वह एक महाकवि के ही योग्य है। देखिए—

विजनवासप्रिय संत-शिरोमणि!
भूतपूर्व अति उष्ण, किंतु अब चंदन शीतल,
देशभक्त थे कभी आज तो 'शून्यवाद' के चरम भक्त हो!
योगिराज हो अनासक्त हो!
क्षणिक सत्य की तुच्छ भूमि फैली है नीचे
शाश्वत ज्योतिर्मय असीम इस ब्रह्मलोक में
तुम विराजते हो दृग मीचे

चिदानंद की रोचक मदिरा बाँट रहे हो
खूब रचा है चक्रव्यूह अध्यात्मवाद का
नियति-नटी के गुह्य कवच से लैस तुम्हारे चेला-चाटी,
शांति-पाठ करते फिरते हैं
विप्लव के क्षेत्रों में
जय-जय हे योगेंद्र!
खोल रखा है, वाह, बुद्धिहत्या का बढ़िया केंद्र!

ये पंक्तियाँ चूँकि तत्सम शब्दावली में रची गई हैं, इसलिए पाठकों पर गंभीर प्रभाव डालती हैं। यही यदि फूहड़ शब्दावली में रची जातीं, तो न केवल यह कि लोग इसे गंभीरता से नहीं लेते, बल्कि कवि के अज्ञान पर हँसते हुए उन्हें चलता कर देते। इससे पता चलता है कि कविता में भाषा की क्या भूमिका होती है।

1949 में मोओत्से तुंग के नेतृत्व में चीनी कम्युनिस्ट पार्टी ने चीन में नवजनवादी क्रांति की। नागार्जुन का मन इस समाचार से उत्फुल्ल हो उठा। एक वर्ष बाद ही उन्होंने 'लाल कमल' शीर्षक कविता में कहा : 'खिल गए चीन की धरती-तल पर लाल कमल/आ रहा हिमालय-पार यहाँ उनका परिमल'। रजनी पाम दत्त का ऊपर जिक्र किया गया है। नागार्जुन धीरे-धीरे कम्युनिस्ट पार्टी की नीतियों से अलग हो रहे थे। अब उन्होंने एक हद तक रजनी पाम दत्त के प्रभाव को भी झाड़ना शुरू किया। 'फिक्र में पड़ गए कामरेड!' शीर्षक कविता के शुरू में ही वे कहते हैं—

बोले कामरेड रजनी पाम दत्त :
रिहा करो शेख को
बनाने उसे दो काश्मीर में 'केयर-टेकर' सरकार
सीधी-सी बात है, लड़ाई-झगड़े की क्या थी दरकार
नाहक घिच्च-पिच्च की छोड़ो भी लत्त!
बोले हैं इंग्लिसिया तवारिश रजनी पाम दत्त।

इन पंक्तियों की आप अरविंद वाली कविता की उद्धृत पंक्तियों से तुलना करेंगे, तो चकित रह जाएँगे। नागार्जुन विषय के अनुसार भाषा का जो प्रयोग करते हैं, वह उनकी काव्य-भाषा में शौकिया तौर पर नहीं होता, बल्कि वह यथार्थ में एक वैविध्य की सृष्टि करता है।

1967 में पश्चिम बंगाल में जब युक्त फ्रंट की सरकार बनी, तो चारु मजुमदार माकपा की केंद्रीय समिति से बाहर निकल आए और नक्सलबाड़ी नामक ग्राम से सशस्त्र भूमि-संघर्ष शुरू किया। जमींदारों की हत्या की जाने लगी और खेतिहरों और खेत-मजदूरों में जमीन बाँटी जाने लगी। देश पर नक्सलबाड़ी-आंदोलन का व्यापक प्रभाव पड़ा और देखते-देखते यह प्राय: बिहार, उत्तर प्रदेश, उड़ीसा और आंध्र प्रदेश तक में फैल गया। हिंदी लेखकों और कवियों की अच्छी संख्या ने इस आंदोलन का समर्थन किया। युवा कवि आलोकधन्वा तो बड़े गर्व से अपने को 'नक्सलबाड़ी का बेटा' कहते हैं। मैंने 1970 में युवा लेखक सम्मेलन का आयोजन किया था, तो उसमें ढेर सारे नक्सलवादी कवि और लेखक पहुँचे थे। और तो और, युवा कवियों के सिरमौर धूमिल भी नक्सलवाद की तरफ झुकते चले गए थे। उनकी कविता 'कविता श्रीकाकुलम' हिंदी कविता के पाठकों को अभी भी याद होगी। वेणुगोपाल को तो नक्सलवादी होने के कारण हैदराबाद में जेल की हवा भी खानी पड़ी थी। बहरहाल नागार्जुन इन सभी कवियों के गुरु थे और वे पार्टी में भी 'हाई लाइनर' माने जाते थे। स्वभावत: उन्होंने नक्सलपंथ के उदय में एक नई आशा देखी, जिसे अपने भीतर वे शुरू से पालते आ रहे थे। 'लाएँ मीठे वचन कहाँ से' शीर्षक कविता के दो बंद द्रष्टव्य हैं—

आएँ, नक्सलपंथी आएँ
कोटि-कोटि मुख रौनक पाएँ
अपनी बुढ़भस भी खलती है
आवें तो उनका गुण गाएँ

आएँ, नक्सलपंथी आएँ
बड़े-बड़ों के भूत भगाएँ
युग-युग से संचित कूड़ों में
निर्भय होकर आग लगाएँ

नागार्जुन की दो पंक्तियाँ भारतीय कम्युनिस्ट पार्टी के चुनाव-चिह्न को लेकर लिखी गई हैं, जो आज भी थोड़े हेर-फेर के साथ उसके पोस्टरों में उद्धृत की जाती हैं : 'चम-चम चमके हँसिया प्यारा, झूमे बाली धान की/जय हो इसी निशान की, जय मजदूर-किसान की'। खेतों में झूमती धान की बाली किसान की ओर संकेत करती है और हँसिया मजदूरों की ओर, जो उसी से धान काटता

है। लेकिन चर्चा तो नक्सलपंथ की चल रही थी। सरकार ने दसों हजार नवयुवकों को नक्सलवादी होने के कारण पकड़कर जेलों में ठूँस दिया। ऐसे ही एक युवक के बारे में नागार्जुन कहते हैं—

अरे, अरे, छै वर्ष हो गए,
उसे मिलेगा कब छुटकारा?
वो बंदी है वो 'नक्सल' है,
मन का तगड़ा तन का हारा।

धीरे-धीरे भोजपुर (बिहार) नक्सलपंथ का गढ़ बन गया। नागार्जुन वहाँ गए तो उन्हें नक्सलपंथी गतिविधियों का ब्यौरा सुनने को मिला। प्रसन्नता से भरकर उन्होंने 'भोजपुर' शीर्षक चार बंदों की एक कविता लिखी, जिनमें से पहला बंद है—

यही धुआँ मैं ढूँढ़ रहा था
यही आग मैं खोज रहा था
यही गंध थी मुझे चाहिए
बारूदी छर्रे की खुशबू!...
ठहरो-ठहरो, इन नथुनों में इसको भर लूँ...
बारूदी छर्रे की खुशबू!...
भोजपुरी माटी सोंधी है,
इसका यह अद्भुत सोंधापन!
लहरा उट्ठी
कदम-कदम पर, इस माटी पर,
महामुक्ति की अग्नि-गंध—
ठहरो-ठहरो, इन नथुनों में इसको भर लूँ
अपना जनम स-कारथ कर लूँ!

अब 'प्रतिबद्ध हूँ' शीर्षक कविता। इसमें नागार्जुन ने पारिभाषिक अर्थों में प्रतिबद्धता से बहुत कुछ मुक्त होकर कहा है—

प्रतिबद्ध हूँ, जी हाँ, प्रतिबद्ध हूँ—
बहुजन समाज की अनुपल प्रगति के निमित्त—
संकुचित 'स्व' की आपाधापी के निषेधार्थ...

अविवेकी भीड़ की 'भेड़िया-धसान' के खिलाफ...
अंध-बधिर 'व्यक्तियों' को सही राह बतलाने के लिए...
अपने आपको भी 'व्यामोह' से बारंबार उबारने की खातिर...
प्रतिबद्ध हूँ, जी हाँ, शतधा प्रतिबद्ध हूँ!

अब 'संबद्ध'—

संबद्ध हूँ, जी हाँ, संबद्ध हूँ—
सचर-अचर सृष्टि से...
शीत से, ताप से, धूप से, ओस से, हिमपात से...
राग से, द्वेष से, क्रोध से, घृणा से, हर्ष से, शोक से, उमंग से, आक्रोश से
निश्चय-अनिश्चय से, संशय-भ्रम से, क्रम से, व्यतिक्रम से...
निष्ठा-अनिष्ठा से, आस्था-अनास्था से, संकल्प-विकल्प से...
जीवन से, मृत्यु से, नाश-निर्माण से, शाप-वरदान से...
उत्थान से, पतन से, प्रकाश से, तिमिर से...
लघु-लघुतर-लघुतम से, महा-महाविशाल से...
पल-अनुपल से, काल-महाकाल से...
पृथ्वी-पाताल से, ग्रह-उपग्रह से, नीहारिका-जाल से...
रिक्त से, शून्य से, व्याप्ति-अव्याप्ति-महाव्याप्ति से...
अथ से, इति से, अस्ति से, नास्ति से...
सबसे और किसी से नहीं
और जाने किस-किस से...

पुनः—

संबद्ध हूँ, जी हाँ, शतधा संबद्ध हूँ।
रूप-रस-गंध और स्पर्श से, शब्द से...
नाद से, ध्वनि से, स्वर से, इंगित-आकृति से...
सच से, झूठ से, दोनों की मिलावट से...
विधि से, निषेध से, पुण्य से, पाप से...
उज्ज्वल से, मलिन से, लाभ से, हानि से...
गति से, अगति से, प्रगति से, दुर्गति से...

यश से, कलंक से, नाम-दुर्नाम से...
संबद्ध हूँ, जी हाँ, शतधा संबद्ध हूँ!

अंत में 'आबद्ध'–

आबद्ध हूँ, जी हाँ, आबद्ध हूँ–
स्वजन-परिजन के प्यार की डोर में...
प्रियजन की पलकों की कोर में...
सपनीली रातों के भोर में...
बहुरूपा कल्पना रानी के आलिंगन-पाश में...
तीसरी-चौथी पीढ़ियों के दंतुरित शिशु सुलभ हास में...
लाख-लाख मुखड़ों के तरुण हुलास में...
आबद्ध हूँ, जी हाँ, शतधा आबद्ध हूँ!

निस्संदेह यह एक महान् कवि द्वारा रचित महान् कविता है, जिसे यहाँ पूरा उद्धृत किया गया है। उद्देश्य है यह दिखलाना कि जीवन कितना विराट्, विशाल और वैविध्यपूर्ण है। कुछ भी ऐसा नहीं है, जो जीवन के विस्तार से बाहर हो। मैं नहीं जानता कि किसी अन्य कवि ने जीवन को इतने पूर्ण और विस्तृत रूप में उपस्थित किया है। मतलब साफ है। वह यह कि नागार्जुन अब मार्क्सवाद के वर्ग-भेद, वर्ग-संघर्ष, आधार-अधिरचना, वैज्ञानिक समाजवाद, आदर्श कम्युनिस्ट आदि के घेरे से बाहर आकर संपूर्ण जीवन को स्वीकार करने के लिए तैयार हैं। ऐसी मानसिकता निराला की पूर्ववर्ती, मध्यवर्ती और परवर्ती कविताओं को छोड़ दें, तो और किस कवि में मिलती है?

हे कोटिशीर्ष हे कोटिबाहु हे कोटिचरण!

नागार्जुन एक दौर में पार्टी से भी प्रतिबद्ध रहे हैं, लेकिन उनकी असली प्रतिबद्धता जनता के प्रति थी। इसे उन्होंने न कभी छोड़ा, न एक क्षण के लिए भी भुलाया। जनता के हर सवाल पर वे उसके पक्ष में खड़े दिखे, भले ही यह जनपक्षधरता पार्टी के ही नहीं, उनके अपने पुराने अनुभव और धारणाओं के भी विरुद्ध जाती हो। 1974-75 में जयप्रकाश नारायण के नेतृत्व में शुरू हुआ संपूर्ण क्रांति का आंदोलन, जिसका नागार्जुन ने भी समर्थन किया और जिसके चलते वे जेल भी गए थे, इसका एक उदाहरण है। ध्यातव्य है कि बाद में उन्होंने उसे अपनी भूल माना और जयप्रकाश नारायण-संबंधी अपने पुराने अनुभव पर लौट आए। उनका कहना था कि संपूर्ण क्रांति-आंदोलन से उनका मोह-भंग छपरा जेल में हुआ, क्योंकि उन्होंने वहाँ देखा कि इसका नेतृत्व देश की अवांछित शक्तियों के हाथ में है। राजकमल चौधरी ने एक बार एक परिसंवाद में 'आलोचना' में कुछ इस प्रकार लिखा था : 'मैं, राजकमल चौधरी, यह वचन देता हूँ कि मैं जनता के पास लौट आऊँगा।' बीमारी के आधार पर जेल से छूटने के बाद स्वस्थ होने पर आग्रहपूर्वक नागार्जुन ने हम लोगों को एक इंटरव्यू दिया था, जिसमें कहा था कि मैं 'रंडियों और भँड़ुओं की गली में चला गया था।' इससे स्पष्ट है कि नागार्जुन का जन-प्रेम जितना सशक्त था, जनता के शत्रुओं के प्रति उनकी घृणा भी उतनी ही प्रबल थी। इस तरह वे पुनः अपनी जनता के पास लौट आए थे।

एक बार कम्युनिस्ट विधायक और नेता स्व. चतुरानन मिश्र ने जनता की गरीबी दर्शाने के लिए विधान-सभा में ये पंक्तियाँ उद्धृत की थीं : 'कउआ के बच्चा कौलेलवा रे, दुगो जामुन गिराव।/ललका गिरैवे त मारवऊ रे, दुगो काला गिराव।' भैंस की पीठ पर सवार गरीबों के बच्चे जामुन के पेड़ की ओर देखते हुए उस पर बैठे कौए के बच्चे से यह निवेदन करते हैं! नागार्जुन की 'नई पौध'

शीर्षक कविता पूरी देखिए, जिससे अपने देश की गरीब जनता के 'होनहार बच्चों की स्थिति' जानी जा सके—

बढ़ा है आगे को बेतरह पेट
धँसी-धँसी आँखें
फूले-फूले गाल
टाँगें हैं कि तीलियाँ, अटपटी चाल
दो छोटी, एक बड़ी
लगी हैं थिगलियाँ पीछे की ओर
मवाद, मिट्टी, पसीना और रक्त—
चार-चार दुश्मनों की खाए हुए मार
निकट मना रहा मुक्ति की गुहार
आँत की मरोड़ छुड़ा न पाईं बरगद की फलियाँ
खड़ा है नई पौध पीपल के नीचे खाद की खोज में
देख रहा ऊपर
कि फलियाँ गिरेंगी
पेट भरेगा
और फिर जाकर
सो रहेगा, चुपचाप झोंपड़े के अंदर
भूखी माँ की पेट से सटकर।

परेशान निम्नवर्ग की जनता ही नहीं है, दफ्तर के बाबू भी हैं, क्योंकि खेत-मजदूर जैसे जमींदारों के हाथ अपना श्रम बेचते हैं, वैसे ही बाबू भी दफ्तरों में अपना श्रम। उचित ही इन्हें 'सफेद कालर वाले' मजदूर कहा गया है। मुद्रास्फीति में इनकी स्थिति और खराब हो जाती है। 'छोटे बाबू' शीर्षक कविता में नागार्जुन मुद्रास्फीति को ही लक्ष्य कर कहते हैं—

अपच न होगी बिड़ला-टाटा-डालमिया को
मणि-माणिक-हीरा-मोती का भसम फाँककर
गंगाजल पी लेगा
पर, छोटे बाबू का होगा कैसे बेड़ा पार
इन बेचारों को मिलती है सधी-बँधी तनख्वाह
पा जाते हैं नाममात्र महँगाई का भत्ता भी

फिर भी क्या पूरा पड़ता है?
बुरा हाल है,
दुनियादारी का यह छकड़ा
खींच नहीं पाते हैं
बिना मौत के मरे बेचारे
नींद नहीं आती है, गिनते छत की कड़ियाँ, आसमान के तारे।
कभी न देखा जेल
इसीलिए क्या बेचारे की यह दुर्गत है?

ध्यान देने लायक है कि पूँजीपतियों के लिए 'मणि-माणिक-हीरा-मोती का भसम फाँककर/गंगाजल पी लेगा'—इस युक्ति में 'भसम' शब्द को छोड़ दें, तो बाकी शब्द उदात्त हैं, जो वस्तुतः उदात्त भाषा का परिहास करते हैं। इसके विपरीत बाबू लोगों के लिए कही गई यह बात 'बुरा हाल है,/दुनियादारी का यह छकड़ा/खींच नहीं पाते हैं' सरल, पूर्णतः सार्थक और कवि की गहरी सहानुभूति से भरी हुई है।

मार्क्सवाद के ज्ञान से हम यह जानते हैं कि समाज का विकास वर्ग-संघर्ष से हुआ है और क्रांति तब होती है, जब जनता उच्च वर्ग के शासन का तख्ता पलट देती है। इस तरह मार्क्सवादी विचारकों ने जनता को इतिहास बदलने वाली शक्ति कहा है। जनतंत्र भी यदि ठीक ढंग से काम करे, तो उसमें भी क्रांति संभव है—रक्तहीन क्रांति। यहाँ आकर जनता के विराट् रूप और अपार शक्ति से हम परिचित होते हैं। सही अर्थ में उदात्त भाषा में नागार्जुन की यह 'जन-वंदना' देखिए—

हे कोटिशीर्ष हे कोटिबाहु हे कोटिचरण!
युग की लक्ष्मी भव की विभूति कर रहीं तुम्हारा स्वयं वरण
तुम महिमामंडित परंपराओं के वाहन
तुम साधारण, तुम निर्विशेष
निज जटाजाल में विद्युत् की गतिविधि समेट
तुम सर्वग्राही हिरण्यकशिपु का फाड़-फाड़कर विकट पेट
विज्ञान-कला-संस्कृति के शिशु प्रह्लादों को
—दे रहे निरंतर अभयदान!!

'भारत-भारती' में मैथिलीशरण ने 'रईसों के सपूत' शीर्षक एक कविता लिखी थी, जो पाठ्य-पुस्तक में होने के कारण बहुत प्रसिद्ध हुई। जनता और

व्यापारी-पूँजीपति ये दोनों समाज के ही नहीं, इतिहास के दो परस्पर विरोधी पक्ष हैं। नागार्जुन का ध्यान यथासंभव दोनों-तीनों-चारों तरफ जाता है। तीखेपन से भरी हुई उनकी 'वाणिक्यपुत्र' शीर्षक यह कविता देखिए–

इस पार कि उस पार
कार में बैठकर
निकला हवा खाने
गेहुँअन का पोआ...
कगार पर पहुँच रहा है बचपन
टानना सीख लिया है अभी से '555'
बड़ी ही नफासत से निकालता मुँह का धुआँ
गंगा के किनारे खोद रहा मन-ही-मन उमंग का कुआँ
क्यूटिकुरा का धोआ
गेहुँअन का पोआ।

'प्रेत का बयान' नागार्जुन की एक अति प्रसिद्ध कविता है। इसमें प्राइमरी स्कूल का एक मास्टर भूख से मर जाता है। जब नरक में यमराज उससे पूछते हैं कि तू कैसे मरा, तो वह उत्तर देता है कि वह पेशे से प्राइमरी स्कूल का मास्टर था। वेतन था तीस रुपए, जो भी नहीं मिला। सपरिवार नौ महीने मैंने मुश्किल से काटे। पत्नी, माँ और चार बच्चे आपकी सेवा में पहले ही आ चुके हैं। 'मैं ही था बाकी/क्योंकि करमी की पत्तियाँ अभी कुछ शेष थीं/हमारे अपने पुश्तैनी पोखर में/मनोबल शेष था सूखे शरीर में...'। इस पर यमराज फर्श पर अपना लौहदंड ठोंककर कहते हैं कि तो तुम भूख से नहीं मरे? मास्टर फिर उत्तर देता है, 'नाना प्रकार की व्याधियाँ हों भारत में/किंतु...भूख या क्षुधा नाम हो जिसका/ऐसी किसी व्याधि का पता नहीं हमको।' अंत में वह कहता है–

जहाँ तक मेरा अपना संबंध है
सुनिए महाराज,
तनिक भी पीर नहीं
दुख नहीं, दुविधा नहीं
सरलतापूर्वक निकले थे प्राण
सह न सकी आँत जब पेचिश का हमला...

चूँकि नागार्जुन उच्च कोटि के कथाकार भी थे, इसलिए इस प्रकार की तफसील न केवल कविता को प्रामाणिक, बल्कि आकर्षक भी बनाती है—

अब हम गुलाम नहीं
नागरिक हैं हम स्वाधीन भारत के
पूर्णिया जिला है सूबा बिहार के सिवान पर
थाना धमदाहा
बस्ती रुपौली
जात का कायथ
उमर कुछ अधिक 55 साल की

'जयति-जयति जय सर्वमंगला' भी एक प्रसिद्ध कविता है। इसमें भी जनता की गरीबी का एक चित्र देखिए—

पूस मास की धूप सुहावन
फटी दरी पर बैठा है चिर-रोगी बेटा
राशन के चावल से कंकड़ बीन रही पत्नी बेचारी
गर्म-भार से अलस शिथिल है अंग-अंग,
मुँह पर उसके मटमैली आभा
छप्पर पर बैठी है बिल्ली
किसके घर से जाने क्या कुछ खा आई है
चला-चलाकर जीभ स्वाद लेती होंठों का
सब कुछ है कोयला नहीं है
कैसे काम चलेगा बोलो
चावल नहीं सिझा सकती है
रोटी नहीं सेंक सकती है
भाजी नहीं पका सकती है
पूस मास की धूप सुहावन

आगे का अंश—

गुमसुम-गुमसुम खोया-खोया!
क्या ही अच्छी लगती थी यह
पूस मास की धूप सुहावन
फौरन उठकर जाना होगा

जहाँ कहीं से एक अठन्नी लानी होगी
वर्ना इस चूल्हे के मुँह पर फिर मकड़ी का जाला होगा

उन्नीसवीं शताब्दी में बहुत अकाल पड़ते थे, बल्कि 'भारतेंदु-युग' का साहित्य इस बात का गवाह है कि उसमें अकाल, महामारी और टैक्स-वृद्धि आम बात थी, जिसमें जनता का जीवन पिसता रहता था। बीसवीं शताब्दी में भी अंग्रेजों की गलत नीति के कारण 1943 में बंगाल का अकाल पड़ा, जो विश्वप्रसिद्ध है। 1967 में दक्षिण बिहार का अकाल हमने अपनी आँखों से देखा है। यह स्वतंत्र भारत में पड़नेवाला अकाल था। यों अलग-अलग इलाकों में छोटे-मोटे अकाल पड़ते ही रहे हैं। 'अकाल और उसके बाद' नागार्जुन की कुछ ज्यादा ही प्रसिद्ध कविता है, सिर्फ आठ पंक्तियों की, जिनमें पहले बंद में अकाल का चित्र है और दूसरे बंद में कई दिनों के बाद राहत का अनाज आने का। जब राहत का अनाज आ जाता है, तो नागार्जुन उसका अद्‌भुत चित्र खींचते हैं, जो अभी-अभी हम देखेंगे। यह है पूरी कविता-

कई दिनों तक चूल्हा रोया, चक्की रही उदास
कई दिनों तक कानी कुतिया सोई उनके पास
कई दिनों तक लगी भीत पर छिपकलियों की गश्त
कई दिनों तक चूहों की भी हालत रही शिकस्त

दाने आए घर के अंदर कई दिनों के बाद
धुआँ उठा आँगन से ऊपर कई दिनों के बाद
चमक उठीं घर भर की आँखें कई दिनों के बाद
कौए ने खुजलाईं पाँखें कई दिनों के बाद

स्पष्टतः पहले बंद में जो तफसील है, वह एक सधा हुआ कथाकार ही दे सकता था। 'शिकस्त' शब्द का अर्थ 'हार' है, लेकिन नागार्जुन ने इसका प्रयोग हिंदी क्षेत्र में बोलचाल में जिस अर्थ में इसका प्रयोग किया जाता है, उस अर्थ में किया है। छोटा कवि 'चमक उठीं घर भर की आँखें' तक तो पहुँच सकता था, लेकिन 'धुआँ उठा आँगन से ऊपर कई दिनों के बाद' और 'कौए ने खुजलाईं पाँखें कई दिनों के बाद' तक नहीं। आँगन से ऊपर उठने वाला धुआँ जितना प्रसन्नताबोधक है, उससे भी ज्यादा है कौए वाला चित्र। कौआ बेचारा रोज आता था। घर की छत पर बैठता था और आँगन में भी विचरता था, लेकिन कहीं जूठन का लेश नहीं, सो निराश होकर चला जाता था। आज जो उसने आँगन से ऊपर धुआँ उठते

देखा, तो उसे उम्मीद हुई कि रसोई में कुछ पक रहा है। आज मैं निराश होकर नहीं लौटूँगा। इस खुशी में छत पर बैठा वह चोंच से अपनी पाँखें खुजलाता है। कितने कवियों की पहुँच यहाँ तक होती है?

'पूरी आजादी का संकल्प' शीर्षक कविता में इस देश की कृषक-जनता की स्थिति तो द्रष्टव्य है ही, नागार्जुन की तुक जोड़ने की असाधारण क्षमता भी द्रष्टव्य है। विस्तार-भय से पूरा बंद तो हम उद्धृत नहीं कर सकते, पर उसका अधिकांश उद्धृत करते हैं—

बीज नहीं है, बैल नहीं है, वर्षा बिन अकुलाते हैं
नहर रेट बढ़ गया, खेत में पानी नहीं पटाते हैं
नहीं भूमि में कनमा-भर भी दाना उपजा पाते हैं
पिछला कर्ज चुका न सके, साहू की झिड़की खाते हैं
उतना ही फँसते, अपने को जितना अधिक बचाते हैं
भूखे रहकर, आधा खाकर दिन पर दिन दुबराते हैं
हड्डी छेद रहा है जाड़ा, बरबस दाँत बजाते हैं
दवा न कर पाते रोगों की, यम को पास बुलाते हैं
हरि-इच्छा या राम भरोसे अपने को समझाते हैं
मिलवाला मनमानी करता, ऊख अगर उपजाते हैं
खर्चा के डर से बच्चों को कुछ भी नहीं पढ़ाते हैं
चाँदी तो क्या, टलहा तक की औंठी नहीं गढ़ाते हैं
परब-तीज-त्यौहार नहीं तंगी के कारण भाते हैं
तबियत बहलाने की खातिर तुलसी के पद गाते हैं

ध्यातव्य है कि जितने विस्तान से इसमें किसानों की स्थिति बतलाई गई है, उतनी ही गहन मेधा से तुकों की बंदिश की गई है।

'मास्टर!' प्राइमरी स्कूल के एक मास्टर के बारे में लिखी गई कविता है। इसमें स्कूल की स्थिति और उसमें बच्चों को शिक्षा देने का मास्टर का तरीका नायाब है। पता नहीं, अब प्राइमरी स्कूलों की क्या स्थिति है, पर आजादी के अनेक वर्षों के बाद भी यही स्थिति थी। कविता लंबी है, लेकिन हम इसकी सिर्फ पहली चार पंक्तियाँ उद्धृत कर रहे हैं—

घुन खाए शहतीरों पर की बाराखड़ी विधाता बाँचे
फटी भीत है, छत चूती है, आले पर बिसतुइया नाचे

बरसाकर बेबस बच्चों पर मिनट-मिनट में पाँच तमाचे
दुखरन मास्टर गढ़ते रहते इसी तरह आदम के साँचे

वस्तुस्थिति की सच्ची तसवीर आँकने के लिए कोई भी सहृदय पाठक नागार्जुन को दाद देगा। स्वतंत्र भारत में भी लोग भूख से मरते ही थे, बल्कि कहना चाहिए कि इस स्थिति में अभी तक कोई परिवर्तन नहीं हुआ। देश की जनता की भारी संख्या गरीबी-रेखा के नीचे है, जो आधा पेट खाने के लिए अभिशप्त है। ऐसी ही एक कविता में कवि ने कहा है : 'मरो भूख से, फौरन आ धमकेगा थानेदार/ लिखवा लेगा घरवालों से—'वह तो था बीमार'।' ऐसा नहीं है कि आजादी के बाद देश में अकाल पड़ना बंद हो गया हो। अलग-अलग क्षेत्रों में अकाल पड़ता ही रहता है। 1967 का दक्षिण बिहार का अकाल हम भूले नहीं हैं। 1954 की नागार्जुन की छः पंक्तियों की यह चुभती हुई कविता देखिए—

भुक्खड़ के हाथों में यह बंदूक कहाँ से आई—
एस.डी.ओ. की गुड़िया बीवी सपने में घिघियाई
बच्चे जागे, नौकर जागा, आया आई पास
साहेब थे बाहर, घर में बीमार पड़ी थी सास
नौकर ने समझाया—नाहक ही डर गईं, हुजूर!
वह अकाल वाला थाना पड़ता है काफी दूर!

स्पष्टतः इस कविता में जो धार है, उससे कोई भी अफसर कट जाएगा।

यहीं पर मैं एक अन्य कविता का जिक्र कर देना चाहता हूँ। इसमें रईसों के यहाँ होनेवाली चकाचौंध से भरी शादी का वर्णन है। कुछ पंक्तियाँ क्या, आपको पूरी कविता देखनी पड़ेगी, क्योंकि इसमें कुछ भी छोड़ने लायक नहीं है—

शादी क्या है, वैभव का है यह उन्मत्त प्रदर्शन
रेशम की यह चकाचौंध, मणिमुक्ता का उद्दीपन
पास-पड़ोस उजागर हैं, बिजली लेती अँगड़ाई
थिरक रही है माइक पर उस्तादों की शहनाई
बिजली की ट्यूबों से भास्वर क्या पंडाल सजा है
कौन कहेगा इसे रात, बस यों ही एक बजा है
कारों के जमघट देखो, देखो कुबेर के छौने
ये लक्ष्मी के निजी लाड़ले, हम लगते हैं बौने

अंदर प्रीतिभोज के टेबुल, बाहर घिरीं कनातें
धन-पिशाच मुस्काते हैं घुलके करते हैं बातें
रसगुल्ले पर कैनेडी हैं, बर्फी पर ख्रुश्चेव
चाऊ पर है बरफ मलाई, नेहरू पर है सेब

चाट रहे हैं कुछ प्राणी बाहर जूठन के दोने
चहक रहे हैं अंदर ये लक्ष्मी के पुत्र सलोने
कला गुलाम हुई इनका, कविता पानी भरती है
सौ-सौ की मेहनत इनकी मुसकानों पर मरती है

चाँदी की बेटी है, कंचन का दूल्हा आया है
ऋद्धि-सिद्धि की थिरकन देखो, लक्ष्मी की माया है
सोने की स्याही में छपकर वेदमंत्र खिलते हैं
कवियों की चिकनी वाणी में दूर्वादल हिलते हैं

मेरे साथ इस कविता से संबंधित एक घटना जुड़ी हुई है। मेरे एक संबंधी ऊँचे सरकारी अफसर थे। उनकी बेटी लड़कियों के एक हाईस्कूल में पढ़ती थी। उसके एक शिक्षक ने सभी लड़कियों से कहा कि अगले हफ्ते तुम सब लोगों को एक-एक कविता याद करके सुनानी होगी। मुझसे उक्त संबंधी की बेटी ने कोई कविता याद करके सुनाने के लिए माँगी, तो मैंने उसे यही कविता दी। उसके अफसर पिता ने जब इस कविता को देखा, तो वे गर्म हो गए और उसे मना किया कि तुम्हें यह कविता नहीं सुनानी है। यह है नागार्जुन की कविता की झाँस, जिसे मेरे संबंधी अफसर बर्दाश्त न कर सके।

कहने की जरूरत नहीं कि नागार्जुन की सहानुभूति हमेशा गरीबों और उनके बच्चों के साथ रही है। जब ट्रेन गंगा पर से गुजरती है, तो श्रद्धालु लोग कुछ पैसे नदी में डाल देते हैं। उन पैसों को मल्लाहों के नंग-धड़ंग छोकरे फुर्ती से बहती हुई धारा में खोजते हैं। कवि कहता है : 'बहुधा-अवतरित चतुर्भुज नारायण ओह/खोज रहे पानी में जाने कौस्तुभ मणि!' अब कवि की गंगा मैया से यह अरज देखिए—

बीड़ी पिएँगे...
आम चूसेंगे...
या कि मलेंगे देह में साबुन की सुगंधित टिकिया

लगाएँगे सर में चमेली का तेल
याकि हमउम्र छोकरी को टिकली ला देंगे
पसंद करे शायद वह मगही पान का टकही बीड़ा
देखना ओ गंगा मैया!
निराश न करना इन नंग-धड़ंग चतुर्भुजों को!

'दोन-वोलगा, जमुना-गंगा आज...' शीर्षक लंबी कविता तब लिखी गई थी, जब ख्रुश्चेव और बुलगानिन सोवियत संघ से भारत की यात्रा पर आए थे। इस लंबी कविता में नागार्जुन ने भारत के दोनों पक्षों—उसका दैन्य और उसकी संस्कृति—का चित्रण किया है। पहले भारतीय जनता का दैन्य देखिए—

आओ-आओ अपनी आँखों लो देखो यह दृश्य
नहीं मंदिरों में अब भी घुसने पाते अस्पृश्य
सिग्नेचर होता है अब भी अँगूठे की छाप
बेटा-बेटी बेच रहा है देखो अब भी बाप
दासी-जीवन बिता रहा अब भी नारी-समुदाय
तितली या कुतिया-सी वे समझी जाती हैं हाय!...
घास-फूस के छप्पर, भीतों में पड़ गई दरार
आओ अंदर आओ साथी, देखो यह घर-बार
जाड़े ठिठुर रहे हैं बच्चे पत्नी है बीमार
जैसे-तैसे देखो फिर भी पीस रही है ज्वार

यह विचित्र विरोधाभास है कि भारतीय जनता जितनी दैन्यग्रस्त है, उसकी संस्कृति उतनी ही उच्च है : 'गँवई घर में बिलमाऊँगा मैं न तुम्हें प्रिय मित्र !/दिखला लाऊँ चलो अजंता-एलोरा के चित्र/दक्षिण के मंदिर, उत्तर के ताज-कुतुब-मीनार/देखो भारतीय जनता की भावुकता साकार'। यह भी विरोधाभास ही है कि यहाँ की भूमि जितनी उर्वरा है, यहाँ की आम जनता उतनी ही उनकी उपज से वंचित है। नागार्जुन ने इस विरोधाभास की ओर संकेत करते हुए यहाँ की प्रकृति का भी बहुत मोहक वर्णन किया है—

शस्यश्यामला धरती देखो, नील-निबिड़ आकाश
हल्की मीठी धूप, पूर्णिमा का दूधिया प्रकाश
चंदन के जंगल देखो, देखो केसर के खेत
ककड़ी-तरबूजों वाली देखो उपजाऊ रेत

गेहूँ की हरियाली में डूबे सौ-सौ मैदान
झूम रहे हैं कोसों फैले पके सुनहले धान!

'खुरदरे पैर' रिक्शावालों पर लिखी गई एक कविता है। इस कविता के संबंध में कुछ विशेष नहीं कहना है, सिर्फ उन पैरों से 'दूधिया निगाहों' और 'कुसुम-कोमल मन'–इन दोनों के विरोध और उनमें निहित व्यंग्य की ओर इशारा कर देना ही काफी है। यह अंतिम बंद देखिए–

देर तक टकराए
उस दिन इन आँखों से वे पैर
भूल नहीं पाऊँगा फटी बिवाइयाँ
खुब गईं दूधिया निगाहों में
धँस गईं कुसुम-कोमल मन में।

एक दिलचस्प कविता है 'सौंदर्य-प्रतियोगिता', जिसमें संगम पर गंगा और यमुना–इन दोनों नदियों की दो मछलियाँ अपने को एक-दूसरे से सुंदर बतलाती हैं और फैसले के लिए एक कछुए के पास पहुँचती हैं। नागार्जुन ने कछुए के माध्यम से बाबा लोगों की तरफ इशारा किया है। वर्णन कवि की असाधारण क्षमता को दर्शाता है–

तो फिर सच-सच बतला दूँ?–
पकी प्रज्ञावाले बाबाजी बोले गर्दन हिलाकर
–तुम भी सुंदर हो गंगा की मछली,
जमना की मछली, तुम भी सुंदर हो
किंतु, बनिस्बत तुम दोनों के
मैं अधिक सुंदर हूँ
बिल्लौरी काँच-सी कांतिवाली यह गर्दन...
बरगद-सी छतनार ऐसी पीठ...
नन्हें मसूर-से ऐसे ये नेत्र...
देखी नहीं होगी ऐसी खूबसूरती
आओ, और निकट आओ!
यूँ मत घबराओ!

फिर तो दोनों मछलियाँ भागकर गायब हो जाती हैं और महामुनि का प्रवचन अधूरा ही रह जाता है।

उच्च वर्ग का उपहास और व्यंग्य से भरा हुआ वर्णन नागार्जुन ने कई कविताओं में किया है। शादी वाली कविता हम देख चुके हैं। अब वैसी ही एक छोटी कविता और देखें—

टकसाल की ढली ये लंबी जुबान देखो
सेठानियों की शौकत, सेठों की शान देखो
बातों में इंगितों में ऊँची उड़ान देखो
दो-दो की चुटकियों में लाखों के प्लान देखो

सोने की चूड़ियाँ ये... पैसा दहक रहा है
डनलो पिलो के गद्दे... पैसा बहक रहा है
कॉफी की प्यालियाँ ये... पैसा महक रहा है
ये कहकहे ये चितवन... पैसा चहक रहा है

'नाकहीन मुखड़ा' उनकी इस अर्थ में एक विलक्षण कविता है कि इसका विषय ही हमें नहीं चौंकाता है, बल्कि यह चीज भी चौंकाती है कि ऐसे पात्रों पर प्रायः कवियों की निगाह कभी नहीं जाती। लेख के उद्धरण-बहुल होने का खतरा उठाकर भी हम इस पूरी कविता को उद्धृत कर रहे हैं—

गठरी बना गई
माघ की ठिठुरन
अद्‌भुत यह सर्वांग-आसन

हिली-डुली
वो देखो हिली-डुली गठरी
दे गया दिखाई झबरा माथा
सुलग उठी माचिस की तीली
बीड़ी लगा धूँकने नाकहीन मुखड़ा
आँखों के नीचे
होंठों के ऊपर
दो बड़े छेद थे
निकला उन छिद्रों से
धुआँ ढेर-ढेर सा
अँधेरे में डूब गई ठूँठ बाँह

सहलाते-सहलाते गर्दन
डूब गया सब कुछ अँधेरे में...
शायद दुबारा खिंच जाय कस
चमके शायद दुबारा बीड़ी का सिरा।

अपाहिज, कूड़े के ढेर पर भोज के फेंके गए पत्तों से चावल और सब्जी चुनकर वहीं खाने वाले भिखमंगे और बैल के गोबर में से अनाज चुनकर उन्हें धोकर, सुखाकर और पीसकर उनकी रोटी बनाकर खानेवाले दीन-जन भी इसी जनता के अंग हैं। उन्हें आप जनता से अलग कैसे करेंगे? आप उन औघड़ों के बारे में भी सोचिए, जो अंधविश्वास का शिकार होकर श्मशान में रहते हैं, मरी हुई औरत के साथ संभोग करते हैं और मुर्दे का मांस खाते हैं। किस नियम के तहत इन्हें भारतीय जनता से अलग किया जाएगा?

नागार्जुन वैसे तो यात्री थे, लेकिन काफी-काफी दिनों तक वे कलकत्ते में रहते रहे हैं। राजकमल भी शुरू में अनेक वर्षों तक कलकत्ते में ही थे। वहाँ नागार्जुन ने फिर एक विलक्षण कविता लिखी—'घिन तो नहीं आती है?' इसकी आरंभिक पंक्तियों से ही मजदूरों के प्रति उनकी गहरी ममता का आभास मिल जाता है—

पूरी स्पीड में है ट्राम
खाती है दचके पे दचका
सटता है बदन से बदन—
पसीने से लथपथ।
छूती है निगाहों को
कत्थई दाँतों की मोटी मुस्कान
बेतरतीब मूँछों की थिरकन
सच-सच बतलाओ
घिन तो नहीं आती है
जी तो नहीं कुढ़ता है?

अंत में एक ऐसी कविता ('वे और तुम'), जिसमें कवि ने अपने को दूसरी धार पर रखा है। वह पहले मजदूरों का जिक्र करके आत्मोपहास करता है, फिर किसानों का जिक्र करके। दो बंदों में ये दोनों बातें कही गई हैं—

1. *वे लोहा पीट रहे हैं*
तुम मन को पीट रहे हो
वे पत्तर जोड़ रहे हैं
तुम सपने जोड़ रहे हो
उनकी घुटन ठहाकों में घुलती है
और तुम्हारी घुटन?
उनींदी घड़ियों में चुरती है

2. *वे हुलसित हैं*
अपनी ही फसलों में डूब गए हैं
तुम हुलसित हो
चितकबरी चाँदनियों में खोए हो
उनको दुख है
नए आम की मंजरियों को पाला मार गया है
तुमको दुख है
काव्य-संकलन दीमक चाट गए हैं।

यही भारतीय जनता, जो वैसे तो कुछ नहीं है, पर संगठित होकर जब एक उद्देश्य को लेकर शासन पर हमला बोलती है, तो इतिहास बदल जाता है। ऊपर उद्धृत काव्यांशों के बारे में यह कहने की जरूरत नहीं कि वे सिद्धांत-प्रेरित नहीं हैं, जिससे उनमें औपचारिकता नहीं, बल्कि एक गहन आत्मीयता है।

आओ रानी, हम ढोएँगे पालकी

1945 में द्वितीय विश्वयुद्ध समाप्त हुआ। इसमें भाग लेने वाला ब्रिटेन विजयी पक्ष में होने के बावजूद काफी कमजोर हो गया था। लिहाजा उसे घोषित तिथि के पहले ही भारत को 1947 के उत्तरार्ध में स्वतंत्रता देनी पड़ी। चूँकि यह स्वतंत्रता मुस्लिम लीग द्वारा छेड़े गए भयानक दंगों के कारण भारत-विभाजन के साथ आई, इसलिए भारतीय जनता को वैसा आह्लाद नहीं हुआ। विश्वयुद्ध समाप्त हो गया, संयुक्त राष्ट्रसंघ की भी स्थापना हुई, लेकिन युद्ध का भय समाप्त नहीं हुआ। कुछ वर्षों के बाद सोवियत संघ ने भी अणुबम का निर्माण कर लिया, तो विश्व-राजनीति में अमरीका और उसके बीच शीत-युद्ध का दौर शुरू हुआ, जो तब तक चलता रहा, जब तक सोवियत संघ का विघटन नहीं हो गया।

इस लेख में पहले हम नागार्जुन की युद्ध की आशंका से संबंधित एक कविता ही देखेंगे, फिर कांग्रेसी हुकूमत में देश की दशा-दिशा पर विचार करते हुए उसकी राजनीति की खास तौर से चर्चा करेंगे। रोजमर्रे की राजनीति नागार्जुन की कविता का सबसे महत्त्वपूर्ण विषय है, जिसमें वे लासानी हैं। यहाँ उनके व्यंग्य-बाण खुलकर चलते हैं और बहुत ही वेधक साबित होते हैं। डॉ. नामवर सिंह ने इसी कारण उन्हें 'आधुनिक कबीर' कहा है।

'ऐटम बम' शीर्षक कविता का यह आरंभिक अंश देखिए—

कहाँ गिरेंगे ऐटम? या हाइड्रोजन बम
नहीं फौज पर
नहीं पुलिस पर
नहीं लाम पर
नहीं मुहिम पर

बम बरसेंगे जनाकीर्ण आबादी पर ही
निरपराध निर्दोष निष्कलुष—
बाल-वृद्ध-वनिताओं की ही जान जायगी
ताजा-ताजा खून बहेगा
उस पवित्र शोणित धारा में नहा-नहाकर
खाज मिटाना चाहेंगे
युद्धाकांक्षी मानवाभास पागल पिशाच दस-बीस पचीस-पचास
जिनके गलित कुष्ठ के मारे घुटा जा रहा मानवता का श्वास

कविता के अगले अंश में विस्तार से कवि ने बतलाया है कि भारत पर ऐटम बम या हाइड्रोजन बम गिरा, तो शांत-निरीह ग्रामीण जनता और उसके खेत-खलिहान ही नहीं नष्ट हो जाएँगे, बल्कि हस्तकला और संस्कृति के सारे गौरवपूर्ण केंद्र भी नहीं रह जाएँगे। कल-कारखाने और फैक्टरियों की तो बात ही छोड़ दें, मठ, मस्जिदें और गुरुद्वारे भी नहीं बचेंगे। अंत में नागार्जुन ने कहा है : 'सुन न रहो हो सर्वनाश का शंख?'

स्वतंत्र भारत का 'रामराज' देखिए—

अंदर-अंदर विकट कसाई बाहर खद्दरधारी हैं
जमींदार हैं, साहूकार हैं, बनिया हैं, ब्योपारी हैं
गाँव-गाँव की शहर-शहर की जिले-जिले की सूबों की
कांग्रेस के अंदर घुस आए जितने अत्याचारी हैं
अंदर-अंदर विकट कसाई बाहर खद्दरधारी हैं...

खादी ने मलमल से अपनी साँठ-गाँठ कर डाली है
बिड़ला-टाटा-डालमिया की तीसों दिन दीवाली है
जोर-जुलुम की आँधी चलती बोल नहीं कुछ सकते हो
समझ न पाता हूँ कि हुकूमत गोरी है या काली है
खादी ने मलमल से अपनी साँठ-गाँठ कर डाली है

1948 में नेहरू-मंत्रिमंडल में जॉन मथाई वित्त-मंत्री थे। उन्होंने भारत का वार्षिक बजट पेश किया। उस पर नागार्जुन की प्रतिक्रिया देखिए—

मिला देवगण को आश्वासन
मथनी लेकर

जॉन मथाई
अमृत मथ रहे
रत्नाकर का आमंत्रण चौदहों भुवन के दिक्पालों को

पुनः—

निम्न वर्ग की आँत कपचकर
नसें दूहकर मिडल क्लास की
रखो ठीक बैलेंस, बल्कि कुछ बचत दिखाओ
छोटे-बड़े मगरमच्छों को अभयदान दो
धन्वंतरियों के उन अगणित अमृत-घटों पर देखो कोई नजर न डाले

अंत में—

गंगा-यमुना के कछार में—
आ-आकर अंडे देंगी अब
दुनिया-भर की जोंकें
रामराज की सरल प्रजा का तरल रक्त
कितना सस्ता है!!

'स्वदेशी शासक' से कवि कहता है—

बेच-बेचकर गाँधीजी का नाम
बटोरो वोट
हिलाओ शीश
निपोड़ो खीस
बैंक-बैलेंस बढ़ाओ
राजघाट पर बापू की वेदी के आगे अश्रु बहाओ
तैरो घी के चहबच्चों में, अमरित की हौदी में बाबू खूब नहाओ

और—

हमें छोड़ दो राम-भरोसे
जिए तो भले मरे तो भले
क्या बिगड़ेगा अजी तुम्हारा!
आमों की गुठलियाँ चूरकर
भट्ठी की सोंधी मिट्टी में उस चूरन को सान-सूनकर

खा लेते हैं लोग, पेड़ की छालों का तीमन बनता है
डोंका-सितुआ घोंघा-घुँघची कड़हर-सारुख
घास-पात डंठल-कोंढ़ी फल-फूल
हमारी जनता की भूखी आँतों को कब तक थामें?

इन उद्धरणों का रूपात्मक विश्लेषण करने की कोई जरूरत नहीं है, क्योंकि इनमें तथ्यों ने उपयुक्त भाषा स्वयं प्राप्त कर ली है, जो प्रचुर मुखर है। भाषा बोल उठे, उसकी इससे बढ़कर सार्थकता नहीं हो सकती।

गाँधीजी का प्रिय भजन था 'वैष्णव जन तो तेणे कहिए, जे पीर पराई जाणे रे'। नागार्जुन द्वारा की गई इसकी पैरोडी देखिए, जिसका लक्ष्य सिर्फ हास्य उत्पन्न करना नहीं, बल्कि कांग्रेसजनों के असली चरित्र को उघाड़ना है—

कांग्रेसजन तो तेणे कहिए, जे पीर आपणी जाणे रे
परदुख में अपना सुख साधे, दया भाव न आणे रे
तीन भुवन माँ ठगे सभी को, शरम न राखे केनी रे
टोपी-कुर्ता-धोती खद्दर, धन-धन जननी तेनी रे
समदर्शी बन लज्जा त्यागे, सुदृढ़ तिरंगी ढाले रे
जिह्वा थकी, सत्य ना बोलै, पर-धन अपनो माने रे

स्वतंत्र भारत में राज्यों में कैसे-कैसे लोग मंत्री हुए, उसका एक नमूना—

अभी-अभी उस दिन मिनिस्टर आए थे
बतीसी दिखलाई थी, वादे दुहराए थे
भाखा लटपटाई थी, नैन शरमाए थे
छपा हुआ भाषण भी पढ़ नहीं पाए थे!

चोरबाजारी—

नया तरीका अपनाया है राधे ने इस साल
बैलोंवाले पोस्टर साटे, चमक उठी दीवाल
नीचे से लेकर ऊपर तक समझ गया सब हाल
सरकारी गल्ला चुपके से भेज रहा नेपाल
अंदर टँगे पड़े हैं गाँधी-तिलक-जवाहरलाल
चिकना तन, चिकना पहनावा, चिकने-चिकने गाल

चिकनी किस्मत, चिकना पेशा, मार रहा है माल
नया तरीका अपनाया है राधे ने इस साल

पाठकों को याद होगा, 'मैला आँचल' का अमर चरित्र वामनदास विरोध करने पर कांग्रेसी शासन में चोरबाजारी के माल से भरी बैलगाड़ियों से ही रौंद दिया जाता है। अफसर–

छोटे-छोटे बाल छँटे हैं, चिकनी-मोटी गर्दन
सिर पर हैट, सिगार का धुआँ छूट रहा है छन-छन
बूट-पैंट मानिला शर्ट से ढका हुआ सारा तन
उतरे हैं देवता स्वर्ग से धरती पर अफसर बन!

गाँधी-नेहरू से गुंजित है मन-मंदिर का आँगन
यही चलाते पटना-दिल्ली का हकूमती इंजन।
पहले से आई.सी.एस. ठहरे, हो आए हैं लंदन
पहली को पाते हैं साहब तीन हजारी वेतन।

पहले उद्धरण के संबंध में यह ज्ञातव्य है कि प्रथम आम चुनाव में कांग्रेस का चुनाव-चिह्न था दो बैलों की जोड़ी। उसमें 'बैलोंवाले पोस्टर साटे, चमक उठी दीवाल' और 'अंदर टँगे पड़े हैं गाँधी-तिलक-जवाहरलाल'–इन दोनों पंक्तियों में स्फुट व्यंग्य है। दूसरे उद्धरण की पंक्ति 'गाँधी-नेहरू से गुंजित है मनमंदिर का आँगन' में भी वैसा ही व्यंग्य है। इस कविता के पहले बंद में बड़े साहब का जो चित्र है, वह 'अबसि देखिए देखन जोगू'। आजादी के बाद इस देश के सारे वामपंथी विचारक कॉमनवेल्थ की सदस्यता के विरुद्ध थे। यह ब्रिटेन की एक चाल थी, जो उन देशों को भी अपने करीब रखना चाहता था, जिन पर उसने अविश्वसनीय जुल्म ढाए थे, लाठी-गोली ही नहीं, जेल और दसियों हजार को फाँसी भी। यहाँ तक कि भारत में विद्रोहियों को पकड़कर पेड़ों से लटकाकर फाँसी दी गई। पीर अली पटना सिटी के एक विद्रोही थे, जिन्हें कमिश्नर ने अपने डेरे की बगल के पेड़ से लटकाकर फाँसी दी थी। हाजीपुर में वह एक पेड़ अभी भी मौजूद है, जिसकी डाल में फंदा डालकर 1942 के अनेक विद्रोहियों को मारा गया था। नागार्जुन के शब्दों में–

कामनवेल्थी दुनिया क्या है, बूचड़ का बाजार है
प्रजातंत्र का पर्दा है लेकिन खूनी सरकार है
चर्चिल-ईडन-अटली-बीवन पूरा गुट खूँखार है

पग-पग पर आजाद हिंद भी उनका बर्खुदार है
कामनवेल्थी दुनिया क्या है, बूचड़ का बाजार है

इस देश की संसद में जब कभी करोड़ों-अरबों का बजट पास होता था, तो अजीब लगता था। जनता के नाम पर करोड़ों-अरबों और सरजमीं पर कुछ नहीं। स्वभावतः नागार्जुन को हँसी आ जाती है–

बताऊँ?
कैसी लगती है
पंचवर्षीय योजना?
हिडिंबा की हिचकी, सुरसा की जँभाई।!

1955 में आजादी के बाद बिहार की राजधानी पटना में पहली बार गोलीकांड हुआ। कांग्रेस का शासन था और महेश प्रसाद सिंह परिवहन-मंत्री थे। बस में लड़कों और उसके कंडक्टर के साथ कुछ हाथापाई हुई। लड़के लड़कियों को छेड़ रहे थे, जिस पर बात बढ़ गई और पता नहीं किसके आदेश से पुलिस बी.एन.कालेज पहुँचकर, बिना उसके प्राचार्य की अनुमति के अंदर जाकर, छात्रों पर गोलियाँ बरसाने लगी। कुछ गोलियाँ कालेज के दक्षिण स्थित पंजाब नेशनल बैंक की ओर भी चलीं, जिससे कई छात्र तो मारे ही गए, कई सामान्य जन भी मारे गए। अनुशासनहीनता का जवाब गोली नहीं है, लेकिन पुलिस अफसरों ने यह कुकांड किया। देखते-देखते छात्र-विरोध ने छात्र-आंदोलन का रूप ले लिया और पूरे बिहार के छात्र हड़ताल, जुलूस, प्रदर्शन और रैली पर उतर आए। तत्पश्चात् प्रधानमंत्री पं. नेहरू आए और गाँधी मैदान में उन्होंने अनुशासन पर एक लंबी तकरीर दी। नागार्जुन ने भीतर ही भीतर उबलकर नेहरू को संबोधित कर एक कविता लिखी, जिसकी ऊपर की चार पंक्तियाँ बहुत प्रसिद्ध हुईं–

दुनिया-भर को पंचशील का पाठ पढ़ाओ
आइजनहावर के माथे पर मलो रात-दिन
सत्य-अहिंसा की बातों का बादामी गुलरोगन
हमें पिलाओ अनुशासन की बासी खट्टी छाछ

स्वतंत्र भारत में पं. नेहरू ने महारानी एलिजाबेथ को भी अपने देश में निमंत्रण देकर बुलाया। यह वामपंथियों को और पसंद नहीं आया। नागार्जुन ने इस पर

एक कविता लिखी। उसकी ये पंक्तियाँ लोकोक्ति की तरह प्रचलित हैं : 'आओ रानी, हम ढोएँगे पालकी,/यही हुई है राय जवाहरलाल की'।

नागार्जुन के पांडित्य में किसी को कोई संदेह नहीं है। वे हिंदी, बँगला और संस्कृत के तो कवि थे ही, भारत की अनेक भाषाओं के जानकार थे, यथा– गुजराती, मराठी, पंजाबी आदि। मात्रिक, वर्णिक और लोक-छंदों पर उनका समान अधिकार था। एक कवित्त की रचना करके उसे उन्होंने दिनकरजी को सुनाया था, जिस पर उन्होंने उनसे कहा था कि इसे पंडितजी को भेज दो। कवित्त है–

सीता हुई भूमिगत, सखी बनी सूपनखा
बचन बिसर गए देर के, सबेर के!
बन गया साहूकार लंकापति विभीषण
पा गए अभयदान शावक कुबेर के।
जी उठा दसकंधर स्तब्ध हुए मुनिगण
हावी हुआ स्वर्णमृग कंधों पर शेर के!
बुढ़भस की लीला है, काम के रहे न राम
शबरी न याद रही, भूले स्वाद बेर के!

इसमें भारत और पं. नेहरू, दोनों की स्थिति का वर्णन है। ध्यातव्य है कि यह कवित्त एक रूपक है और वह रामकथा से लिया गया है। नागार्जुन ने बड़ी अवधानता से उसका निर्वाह किया है। उन्हें राजा-महाराजाओं की लंपटता से चिढ़ थी। यह 'शकुंतला' शीर्षक कविता में देखिए–

अंगूठी?
सोने की अंगूठी
क्या हुआ लेकर सोने की अंगूठी–
प्रीति का प्रतीक!
मूर्ख थी शकुंतला
(महर्षि की पालतू लड़की)
शोहदे की अंगूठी पर किया था भरोसा!

ये राजे-महाराजे स्वतंत्र भारत में भी प्रिवीपर्स पा रहे थे, जिससे उनकी जाती जिंदगी में कोई बदलाव न आया था। दिलचस्प यह है कि अपनी स्थिति सुरक्षित रखने के लिए वे सब के सब कांग्रेस में चले गए थे।

दिनकरजी का एक प्रसंग और। उनकी 'रेणुका' की पहली कविता है 'नाचो, हे नाचो, नटवर', जिसे लिखने के बाद वे वैद्यनाथधाम गए थे और शिव (शिवलिंग) के सामने बैठकर पूरी कविता का पाठ किया था। कुछ वर्षों के बाद वे शिव की पूजा के लिए सपरिवार वहाँ फिर पहुँचे, तो पंडा एक सेठ को पूजा करा रहा था। उन्होंने उससे आग्रह किया कि उन्हें जल चढ़ा लेने दे, लेकिन उसने उनकी नहीं सुनी। अंत में दिनकरजी ने गंगाजल से भरी हुई सुराही शिवलिंग पर फेंक दी और यह कहकर वहाँ से चल दिए कि तुम भी सेठों और पंडों के ही गुलाम हो! कहा जा चुका है कि नागार्जुन कलकते में बीच-बीच में काफी दिनों के लिए टिकते थे। वहाँ उन्होंने काली माई पर भी एक कविता लिखी, जिसकी आरंभिक पंक्तियाँ इस तरह हैं—

कितना खून पिया है, जाती नहीं खुमारी!
सुर्ख और लंबी है मइया जीभ तुम्हारी।
मुंडमाल के लिए गरीबों पर निगाह है
धनपतियों के लिए दया की खुली राह है।
धन-पिशाच का लहू नहीं अच्छा लगता है
वह औरों की बलि देकर तुमको ठगता है।

लोक-छंद में लिखी गई नागार्जुन की कविताएँ देखने लायक हैं—एक तो 'चना जोर गरम...' और दूसरी 'हरगंगे'। पहली कविता 'हंस', 1952 के जनवरी अंक में निकली थी। वैसे मैंने उसे पटने के दैनिक 'नवराष्ट्र' में प्रथम आम चुनाव के मौके पर पढ़ा था। इसकी आरंभिक पंक्तियों में 'चना जोर गरम' बेचने वाले किस तरह तत्काल कविता बनाकर तुकें जोड़ते जाते हैं, उसका अनुकरण देखने लायक है—

चना जोर गरम प्यारे
मैं लाया मजेदार चना जोर गरम

चना खाएँ कांग्रेसी लोग
कि जिनमें दुनिया भर के रोग
साधते सत्त-अहिंसा-योग
लगाते फिर भी सब कुछ भोग
पहनते हैं खद्दर का चोग
नहीं है देस-कोस का सोग

राज से न हो जाय बियोग
इसी से फैलाते हैं फोग
वोट पाने का है उद्योग
भिड़ाते हैं छल-बल का जोग
चना जोर गरम...

इसमें एक तो समान तुकों की बंदिश देखने लायक है, दूसरे यह भी काबिलेगौर है कि चना जोर गरम बेचने वाले जैसे शब्दों को चली आ रही तुकों के साँचे में ढालते हैं, नागार्जुन ने भी ढाला है। उदाहरणार्थ 'चोगा' की जगह 'चोग' और 'फॉग' की जगह 'फोग'। दूसरा उदाहरण–

बाँझ गाय बाभन को दान हरगंगे
मन ही मन खुश है जजमान हरगंगे
ऊसर बंजर और श्मशान हरगंगे
संत विनोबा पावैं दान हरगंगे

कौवा करे गंग असनान हरगंगे
फिर हड्‌डी का टुकड़ा दान हरगंगे
पैदल चलकर देते प्रान हरगंगे
फिर भी ना पिघले पाखान हरगंगे
जिनके हैं नौलखा मकान हरगंगे
वे हैं सर्वोदय की शान हरगंगे
दस हजार मन जिनके धान हरगंगे
जौ-भर भूमि करें वे दान हरगंगे

जिनके ढेर नगद नगदान हरगंगे
संत होयँ उनके मेहमान हरगंगे

विनोबा के भूदान-आंदोलन से बहुत लोगों को यह उम्मीद थी कि इससे भारत की भूमि-समस्या हल हो जाएगी। और तो और राष्ट्रकवि दिनकर ने भी लिखा था कि 'स्वत्व छीनकर क्रांति छोड़ती कठिनाई से प्राण,/बड़ी कृपा उसकी भारत में माँग रही वह दान', लेकिन नागार्जुन जानते थे कि इस आंदोलन से कुछ भी होने-जाने को नहीं है। और इतिहास गवाह है कि वही हुआ।

पं. नेहरू के मंत्रिमंडल में मोरारजी भाई देसाई वित्त मंत्री थे। वे पूरी तरह

से दक्षिणपंथी और अमरीकापरस्त थे। उनको संबोधित कर नागार्जुन ने जो व्यंग्य और उपहास से भरी हुई कविता लिखी, उसका पूर्वांश–

भाई भले मुरार जी!
बलि-बलि जाऊँ,
पहनाऊँ ये रंग-बिरंगे हार जी!
भाई भले मुरार जी!

हाय, तुम्हारे बिना लगेगा सूना यह संसार जी!
गिरवी कौन रखेगा हमको सात समुंदर पार जी!
कैसे होगी धन्नासेठों से ये आँखें चार जी!
नाम तुम्हारा लेते ही उमड़ा आता है प्यार जी!
बलि-बलि जाऊँ तुम पर सौ-सौ बार जी!
भाई भले मुरार जी!

केंद्रीय मंत्रिमंडल के एक अन्य सदस्य गुलजारीलाल नंदा भी थे, जिन्होंने कुछ दिनों के लिए प्रधानमंत्री का प्रभार भी लिया था। 1965 में उन्होंने व्रत ले लिया कि जब तक भ्रष्टाचार खत्म नहीं होगा, वे अपना व्रत नहीं तोड़ेंगे। भ्रष्टाचार दो-चार दिनों में खत्म होने की चीज नहीं है, क्योंकि वह शासन के अंदर ऊपर से लेकर नीचे तक घुसा हुआ है। स्वभावतः नागार्जुन को एक दिलचस्प विषय मिल गया, जिससे उन्होंने 'खूब फँसे हैं नंदाजी' शीर्षक कविता लिखी। पूरी कविता इस तरह है–

डाल दिया है जाने किसने फंदा जी!

कैसे हजम करेगा लीडर लाख-लाख का चंदा जी?
कैसे चमकेगा सेठों का दया-धरम का धंधा जी?
कैसे तुक जोड़ेगा फिर तो मेरे जैसा बंदा जी?
रेट बढ़ गया घोटाले का, सदाचार है मंदा जी?
कौन नहीं है भ्रष्टाचारी, कौन नहीं है गंदा जी?
बुरे फँसे हैं नंदा जी!
डाल दिया है जाने किसने फंदा जी!

हास्य-व्यंग्य का लहजा नागार्जुन को कहीं से उधार नहीं लेना पड़ता था, क्योंकि वह उनके मिजाज में था। उक्ति स्वयं ऐसी वक्र हो जाती थी कि वह हँसाते हुए तीक्ष्ण बाण का काम करने लगती थी।

1967 का आम चुनाव निकट था। कांग्रेस के भीतर टिकट के लिए मारामारी मची थी। संगठन पर 'सिंडीकेट' का प्रभाव था, जिसकी स्वीकृति के बिना टिकट मिलना असंभव था। इस सिंडीकेट में मोरारजी देसाई, एस.के. पाटिल, अतुल्य घोष और कामराज थे, जिनका संगठन पर प्रभुत्व था। फिर इनकी असहमति के बिना किसी उम्मीदवार को विधान सभा या लोक सभा का टिकट कैसे मिलता? नागार्जुन ने इसी विषय पर 'आए दिन बहार के' शीर्षक कविता लिखी। 'श्वेत-स्याम-रतनार' से पहली पंक्ति, 'पग-धूर झार के' से दूसरी पंक्ति और 'टिकट मार के' से तीसरी पंक्ति और 'दाने अनार के' से चौथी पंक्ति बहुत मारक हो गई है। देखिए—

'श्वेत-स्याम-रतनार' अँखियाँ निहार के
सिंडीकेटी प्रभुओं की पग-धूर झार के
लौटे हैं दिल्ली से कल टिकट मार के
खिले हैं दाँत ज्यों दाने अनार के
आए दिन बहार के!

डॉ. रामविलास शर्मा ने इन पंक्तियों का विश्लेषण किया है और कहा है कि नागार्जुन की कविता के स्रोत अनेक थे। उदाहरण के लिए इस कविता का स्रोत नौटंकी का यह गीत है—'गुलशन में बिखरे हैं दाने अनार के'।

1967 में जो आम चुनाव हुआ उसका परिणाम बहुत चौंकानेवाला था, क्योंकि उसमें सिंडीकेट के सारे नेता हार गए। नागार्जुन ने 'रघुपति राघव राजा राम' की धुन पकड़कर पूरे उल्लास के साथ एक कविता लिखी, जिसमें कहा—

अंदर रावण, मुँह में राम
मिला उन्हें नीयत का दाम
देख इलेक्शन का परिणाम
दंग हो गए अंकिल साम

तिकड़म कब तक देगी काम
कामराज गिर पड़े धड़ाम
पाटिल-घोष कहाँ हैं आज
मिटी कंस वल्लभ की खाज

'अंकिल साम' अमरीका को कहा जाता है, पाठक जानते होंगे, और 'कंस वल्लभ' बिहार के मुख्यमंत्री 'कृष्णवल्लभ सहाय' हैं।

जैसे-जैसे समय बीतता गया, कांग्रेसियों का मानव-विरोधी चेहरा स्पष्ट होता गया। 'संस्कृति' एक ऐसा शब्द है, जिसका दुरुपयोग राजनीति में सबसे ज्यादा हुआ है। इसके नाम पर रक्तपात भी किए गए हैं। 'अब तक छिपे हुए थे उनके दाँत और...' कविता में नागार्जुन ने कांग्रेसियों का खूँखार चेहरा दिखलाया है—

संस्कृति की भट्ठी में कच्चा गोश्त रहे थे भून!
छाँट रहे थे अब तक बस वे बड़े-बड़े कानून!
नहीं किसी को दिखता था दूधिया वस्त्र पर खून!
अब तक छिपे हुए थे उनके दाँत और नाखून!
संस्कृति की भट्ठी में कच्चा गोश्त रहे थे भून।

एक तरफ धुली हुई खादी के सफेद वस्त्र और दूसरी तरफ निरीह जनता का खून! क्या कमाल की संगति है! महात्मा गाँधी का ध्यान हमेशा इस देश के अंतिम व्यक्ति यानी निर्धनतम जन पर रहता था, पर कांग्रेसियों ने हमेशा ऊपर की ओर देखा। स्वयं पं. नेहरू ने अंतिम दिनों में कहा था कि मैं पूँजीवाद के विरोध में उद्यम करता रहा, लेकिन वह हमारे देश में मेरे देखते ही विकसित होता गया!

नागार्जुन की कविता 'तीनों बंदर बापू के' भी प्रसिद्ध है। उसकी कुछ पंक्तियाँ देखिए—

सर्वोदय के नटवरलाल
फैला दुनिया-भर में जाल
अभी जिएँगे ये सौ साल
ढाई घर घोड़े की चाल
मत पूछो तुम इनका हाल
सर्वोदय के नटवरलाल!

'सर्वोदय के नटवरलाल' कौन हैं, बतलाने की जरूरत नहीं होनी चाहिए। जयप्रकाशजी को कुछ दिन झक सवार हुई थी कि चंबल के डाकुओं से आत्मसमर्पण करवाएँ। नागार्जुन ने एक कविता में उनके इस प्रयास पर कहा—

तरुणों को डाकू बनने दो
फिर करवाना आत्मसमर्पण

अपराधों की राख मलो तो
चमके प्रजातंत्र का दर्पण

जाहिर है कि डाकुओं से आत्मसमर्पण करवाना समस्या का कोई निदान नहीं है। निदान यह है कि समाज में उस परिस्थिति के निर्माण की दिशा में बढ़ा जाए, जिसमें अपराधी पैदा ही न हों।

1972 में पश्चिम बंगाल में आम चुनाव हुआ, जिसमें युक्त फ्रंट को परास्त करने के लिए प्रधानमंत्री इंदिरा गाँधी ने सरकारी स्तर पर व्यापक रूप में धाँधली करवाई। इस पर नागार्जुन ने यह प्रसिद्ध कविता लिखी : 'अब तो बंद करो हे देवी, यह चुनाव का प्रहसन!', जिसके पहले बंद में उन्होंने कहा—

कीर्ति-पताका फहराती है किस प्रकार अंबर में
लोल लहरियों पर सवार हो जन-मन के सागर में
देवि, तुम्हारे स्वर सुरभित हैं युग के आह्वानों से
तरुण तुर्क रुद्राक्ष की तरह लटक रहे कानों से

अंतिम पंक्ति खूब है! 'तरुण तुर्क' अर्थात् 'युवा तुर्क' अर्थात् 'यंग टर्क्स' में थे चंद्रशेखर, मोहन धारिया, कृष्णकांत आदि, जो इंदिरा गाँधी के भारी समर्थक थे।

एक कविता में नागार्जुन कहते हैं : 'किसकी है जनवरी, किसका अगस्त है?/ कौन यहाँ सुखी है, कौन यहाँ मस्त है?' फिर वे स्वयं ही उत्तर देते हैं :

खिला-खिला सेठ है, श्रमिक है बुझा-बुझा
मालिक बुलंद है, कुली-मजूर पस्त है
सेठ यहाँ सुखी है, सेठ यहाँ मस्त है
उसकी है जनवरी, उसी का अगस्त है

पुनः फ्रिज, सोफा, बिजली के झाड़ की सुविधाओं से लैस वर्ग के बारे में यह कहने के बाद कि 'फैशन की ओट है, सब कुछ उघाड़ है', वे यह कहते हैं— 'पब्लिक की पीठ पर बजट का पहाड़ है'। संपूर्ण क्रांति-आंदोलन के बाद गाँधीजी की समाधि पर जयप्रकाशजी की उपस्थिति में शपथ-ग्रहण करने के बाद जनता पार्टी शासन में आई। नागार्जुन ने उसका एक वर्ष पूरा होने के बाद दो कविताएँ लिखीं—'हो गए बारह महीने' और 'घटकवाद की उठा-पटक है'। पहली कविता में उन्होंने केंद्रीय मंत्रियों से कहा—

नील नभ में उड़े तुमको
तृप्ति-रस में जुड़े तुमको
कुंजवन में मुड़े तुमको
हो गए बारह महीने
हो गए बारह महीने

इन पंक्तियों के व्यंग्यबाण की नोक कितनी मर्म-भेदक है, कहने की जरूरत नहीं। दूसरी कविता की अंतिम दो पंक्तियों में तो उन्होंने मंत्रियों को जनभाषा की ऐसी लताड़ मारी है कि वे 'आह, ऊह' करने लगे होंगे—

करनी सीताराम सटक है,
घटकवाद की उठा-पटक है

यह सुखद आश्चर्य की बात है कि नागार्जुन जन-कविता ही नहीं, अभिजन-कविता के भी उतने ही बड़े रचयिता थे। यह हम उनकी प्रकृतिपरक और प्रबंधात्मक कविताओं पर विचार करते हुए देखेंगे। इस लेख में वैसी एक ही कविता का जिक्र पर्याप्त होगा, जो है 'नथुने फुला-फुला के'। इसका पूर्वांश—

राह चलते-चलते/यक-ब-यक बाँह पकड़ ली
खुद भी खड़े रहे/मुझे भी रोक लिया
और बोले :
क्या कुछ खास-सी महसूस होती है?
मैं चौंका :
क्या सचमुच कोई खासियत मालूम देती है?
फिर हमारे प्राध्यापक मित्र
भरपूर साँस खींचकर कहने लगे :
'यहाँ, मुलुंड में इत्र का कारखाना लगा है
सौरभ-द्रव्यों का अपना अभिनव उत्पादन-केंद्र
आरंभ किया है यहाँ मुलुंड में
प्रतिदिन, संध्याकाल पवनदेव की अनुकंपा से
इर्द-गिर्द बीसियों किलोमीटर
हो उठते हैं मुअत्तर.../यह सुरभित सांध्य समीर
हमारे मुलुंड की बहुत बड़ी खासियत है...'

पूँजीपति-वर्ग, उद्योगपति-वर्ग और व्यापारी-वर्ग कितने मोहक तरीकों से हमें अपने जाल में फँसाकर हमारा शोषण करते हैं, यह दूरदर्शन पर आनेवाले उपभोक्ता-वस्तुओं के विज्ञापनों से जाना जा सकता है। उस समय अपने देश पर गर्व होता है कि कैसी-कैसी चीजें हमारे यहाँ बनती हैं। यह समाजवादी मुल्क में संभव न था!

प्रभुजी, तुम चंदन हम पानी

अमरीका संसार का वह देश है, जो मनुष्यता का सबसे बड़ा शत्रु है। द्वितीय विश्वयुद्ध में उसने जापान के हिरोशिमा और नागासाकी पर जो अणुबम बरसाए, उससे भयानक नरसंहार हुआ। लोग जहाँ थे, वहीं भाप बनकर उड़ गए। कहा जाता है कि उसका असर किसी न किसी रूप में जापान की जनता पर अभी भी देखने में आता है। उसके बाद से अमरीका ने संसार के देशों में युद्धास्त्रों की प्रतिद्वंद्विता शुरू की, जो अभी भी चल रही है। कारण यह है कि युद्धास्त्रों के उत्पादन पर वहाँ के उद्योगपतियों का बहुत बड़ा व्यवसाय निर्भर है। स्वभावत: उनकी खपत के लिए संसार में युद्ध का वातावरण बनाकर रखना जरूरी है। एक बात यह भी है कि जहाँ अमरीका की कोई जरूरत नहीं होती, वहाँ भी अपनी नाक घुसेड़कर वह लंबे अर्से तक लड़ाई चलाकर वहाँ की जनता के जीवन को तबाह करता है, जैसे वियतनाम फ्रांसीसी उपनिवेश था, लेकिन उसने दशकों तक वहाँ भयानक लड़ाई चलाई और जन-जीवन को नष्ट करने के लिए कुछ भी उठा नहीं रखा। पिछले वर्षों में उसने नवउपनिवेशवाद का तरीका अपनाया है, यानी देश-विशेष की सरकार को अपदस्थ करके वहाँ कठपुतली सरकारों की स्थापना करना। आणविक युद्धास्त्र छिपाए रखने का बहाना बनाकर उसने ईराक पर खुला हमला किया और वहाँ के शासक को फाँसी पर लटकाकर कठपुतली सरकार की स्थापना की। सोवियत संघ के विघटन के बाद विश्व एकध्रुवीय हो गया है, जिससे अमरीका की दादीगीरी और बढ़ गई है।

आतंकवाद का जनक, जिससे आज सारी दुनिया परेशान है, अमरीका ही है। आतंकवादी संगठनों को शुरू में वह प्रोत्साहन देता है और बाद में उनका दिखावटी विरोध करता है, बावजूद इसके कि उनका पहला निशाना वही है। उस पर खुद उनका कहर टूट चुका है। युद्ध-संबंधी तनाव दुनिया में कायम रहे,

इसलिए वह एक हाथ से पाकिस्तान को सहायता देता है और दूसरे हाथ से उसे आतंकवादियों को प्रश्रय देने के लिए मना करता है। उसका ध्यान इजरायल के संरक्षण और मुस्लिम राष्ट्रों के तेल के भंडारों पर है। आज जिसे 'ग्लोबल वार्मिंग' कहते हैं, उसके लिए भी वही जिम्मेवार है। इस तरह विश्व के पर्यावरण को प्रदूषित करने में वह अग्रणी है। उचित ही नागार्जुन ने अंतर्राष्ट्रीय राजनीति पर जो कलम चलाई है, उसमें अमरीका को विश्व-जनता का दुश्मन नंबर एक माना है।

वे वस्तुतः एशिया के स्वतंत्रता के लिए संघर्षरत उपनिवेशों के कवि रहे हैं। इन पंक्तियों में उनका उल्लास देखिए—

उठा कोरिया, बढ़ा कोरिया, जाग रहा जापान,
उछल-कूद ले दो दिन का यह मेकार्थर-मेहमान।
जीवट की बलिहारी भैया, किया शत्रु का नाश,
छोटा मुलुक कोरिया, भइया उसको है शाबाश।
ट्रऽमैन का आँसू पोंछे प्रजातंत्र की धाई,
नोच रहे दहलीज खीझकर, बिल्ली के ये भाई!

इस सत्य से कोई इनकार न करेगा कि सोवियतपक्षी कम्युनिस्ट सदा विश्व-शांति के पक्षधर रहे हैं। स्वभावतः अमरीका से वे यह खतरा महसूस करते रहे हैं कि वह फिर अणुबम बरसाएगा, तो 'जनाकीर्ण आबादी' पर ही, युद्ध के मोर्चे पर नहीं, जो हम प्रसंगवश पीछे देख चुके हैं।

'जयति-जयति जय सर्वमंगला' कविता में आकाश में घोर गर्जन करते हुए सात विमानों की कतार गुजरती है, तो नागार्जुन कहते हैं—

विकट रुद्र वज्रस्वर सुनकर
सजग हुआ मैं
लगा सोचने—
अमरीकी-अंग्रेज-फ्रेंच-डच चालक होंगे
बर्मा, वियतनाम, सिंगापुर, हांगकांग, बैंकाक, तोकिओ...
कहीं पड़ाव पड़ेगा इनका!
लंदन-पेरिस-नियूयार्क से लाद-लादकर
अस्त्र-शस्त्र बारूदी बम सैनिक सेनापति
कैरो और कराँची होकर

ये पहले दिल्ली आते हैं
और वहाँ से कलकत्ता-रंगून की तरफ...
रामराज का निर्मल-नील गगन जो ठहरा
इसमें होकर आते-जाते रावण के विध्वंसी पुष्पक
निकट-पूर्व क्या, दूर पूर्व क्या, सकल एशिया
मृगयोचित रमणीय क्षेत्र है इनकी खातिर

अभ्यास और लोक एवं शास्त्र के ज्ञान से पद्य-रचना हो सकती है, लेकिन काव्य-रचना नहीं, जिसमें बिजली की कौंध की तरह उक्तियाँ आती हैं और पूरे कथन को चमका देती हैं। 'रामराज का निर्मल-नील गगन जो ठहरा' ऐसी ही एक उक्ति है, जो 'इंट्यूशन' से ही संभव हुई है, जिसे मम्मट ने 'शक्ति' कहा है।

आइजन-हावर के बारे में एक ऐसी ही उक्ति देखिए—

पर निकले तो चींटा बोला, आसमान की ऐसी-तैसी
वैसा खुला नहीं है यह मुझको उड़ान भरनी है जैसी
शीशम की छोटी टहनी पर नरम छाल से पैर लड़ गए
उड़ने की कोशिश करने पर बेवकूफ के पंख झड़ गए

अंत में—

जागी जनता कंधों पर बैठे कीड़ों को झाड़ रही है
तुम जैसे खूँखार दरिंदों के नख-दंत उखाड़ रही है
क्या योशीदा, क्या सिङ्मनरी, क्या चियाङ्, क्या बाओदाई
सभी तुम्हारे पिट्ठू ठहरे, सब पर है अब शामत आई

अंततः चीन की मदद से कोरिया आजाद हुआ। वहाँ के जवानों ने बड़ी बहादुरी से अमरीकी फौज से मुकाबला करके जीत हासिल की—

गली-गली में आग लगी है घर-घर बना मसान
लील रहा कोरिया मुलुक को अमरीकी शैतान
जूझ रहे किस बहादुरी से धरती के वे लाल
मुझे रात-भर नींद न आती सुन सिऊल का हाल

1956 में नागार्जुन ने पूरे कवि-हृदय से 'कैसा लगेगा तुम्हें?' शीर्षक कविता लिखी, जिसे युद्ध-विरोधी एक क्लासिकी रचना मानना चाहिए—

कैसा लगेगा तुम्हें?
कुटिलमति मायावी दस्यु यदि
हालाहल घोल जाय गंगा-यमुना के जल में
जहरीली गैस से कर दे यदि दूषित दक्षिण समीर को
कैसा लगेगा तुम्हें?

कैसा लगेगा तुम्हें?
जंगली सुअर यदि ऊधम मचाएँ
तहस-नहस कर डालें फसलें
देखकर पदमर्दित उत्कट सुरभिवाली दूधिया बालें
देखकर भूलुंठित कुचली कनकमंजरियाँ
टूक-टूक हो यदि हृदय लोकलक्ष्मी का
कैसा लगेगा तुम्हें?

कैसा लगेगा तुम्हें?
बारूदी शोलों से दहकें अमराइयाँ
झुलस-झुलस राख हों ताम्रचूड़ आम्रपल्लव
वेणुवन ठूँठ हों, ठूँठ हों शालवन
खा-खाकर आँच फटे महुआ की रग-रग
दूधिया खून बहे, बह-बहकर जमता जाय
कैसा लगेगा तुम्हें?

भारत की बगल में नेपाल है, जहाँ राजशाही शासन चल रहा था। नागार्जुन जब पूँजीवाद के विरोधी थे, तो उनके सामंतवाद के समर्थक होने का प्रश्न ही नहीं उठता है, बल्कि फ्रांस में सामंतवाद को परास्त कर ही जनतंत्र अस्तित्व में आया, जिसे नए पूँजीपतियों और उद्योगपतियों ने अपने हित में मोड़ लिया। नेपाल के राजा को संबोधित कर नागार्जुन कहते हैं—

कब तक तुम यों प्रजातंत्र का भुर्ता चखा करोगे?
कब तक तुम यों जयचंदों को चाकर रखा करोगे?
कब तक अपनी आँखों पर डालोगे चश्मा काला?

कब तक हाजत में गुमसुम यों बैठेगा कोइराला?
कब तक वो चुपचाप रहेगा मनमोहन अधिकारी?
कब तक लाखों नेपाली भुगतेंगे यों लाचारी?
खबरदार ओ राजा, बस कर हाथ हटा ले अपने,
कभी नहीं पूरे होंगे तानाशाही के सपने।

कहने की आवश्यकता नहीं कि आज नेपाल में राजशाही तो खत्म कर दी गई है, लेकिन वहाँ प्रजातंत्र स्थिर नहीं हो रहा है। मतलब यह कि अस्थिरता की स्थिति बनी हुई है, जो देर-सबेर समाप्त होगी।

अफ्रीका का एक देश है, जिस पर अमरीका और बेल्जियम का शासन था। उसकी आजादी के लिए लुमुंबा संघर्ष कर रहे थे, जिन्हें अमरीकी खुफिया एजेंसी सी.आई.ए. ने साजिश करके मरवा दिया। इस पर नागार्जुन की प्रतिक्रिया यह थी—

अफ्रीका की काली मिट्टी लाल हो गई आज
गोरे बौनों की साजिश विकराल हो गई आज
वीर लुमुंबा, टूट पड़े कल तुम पर क्रूर पिशाच
कांगों में आरंभ हो गया महाकाल का नाच

और—

तुम मर कर भी अमर रहोगे, लोगे ही प्रतिशोध
कालनेमि को भस्म करेगा जन-जन का यह क्रोध
कोटि-कोटि काले कंठों की सुन-सुनकर ललकार
वह देखो, गोरे दनुजों पर भय का चढ़ा बुखार

किसी भी श्रेष्ठ कवि का विकास सरल रेखा में नहीं होता। उसके मार्ग में कई घुमाव और मोड़ आते हैं। कभी-कभी तो गंतव्य या लक्ष्य ही व्यापकतर हो जाता है, या बदल भी जाता है। नागार्जुन भारतीय कम्युनिस्ट पार्टी के अनुयायी थे, लेकिन चीनी आक्रमण के समय जब पार्टी में टूट हो गई और भारतीय कम्युनिस्ट पार्टी (मार्क्सवादी) के नाम से जो कम्युनिस्ट अल्पमत में थे, उन्होंने नई पार्टी बना ली, तो वे दोनों में से किसी पार्टी के सदस्य नहीं रहे। माकपा के लोग समाजवादी देश होने के कारण चीन को आक्रमणकारी नहीं मानते थे, लेकिन भाकपा के साथ उसे आक्रमणकारी मानने में नागार्जुन को कोई

हिचक न हुई। इसका कारण यह है कि वे बहुत गहराई से राष्ट्रवादी कम्युनिस्ट थे, भले आजादी की लड़ाई में भाग न लिया हो। फिर हमने देखा कि वे नक्सलबाड़ी-आंदोलन के समर्थक हो गए और धीरे-धीरे यह कहने लगे कि मैं निर्दलीय कम्युनिस्ट हूँ। तात्पर्य यह कि भाकपा और माकपा से तो उनकी पूर्ण सहमति नहीं ही थी, नक्सलबाड़ी-आंदोलन के नेता चारु मजुमदार की पार्टी भाकपा (मार्क्सवादी-लेनिनवादी) से भी उनकी पूर्ण सहमति नहीं थी। वे पहले सोवियतपरस्त थे। भारतेंदु के अनुकरण पर उन्होंने कुछ 'मुकरियाँ' भी बनाई थीं, जिनमें से अंतिम मुकरी में कहा था—'जहाँ भूख ना जहाँ बिमारी/जहाँ देवता हर तनधारी/सुन-सुन गुन सब होते खूश/क्या सखि, सरग? नहीं सखि, रूस।' लेकिन जब पूर्वी यूरोप पर थोपी गई कम्युनिस्ट सरकार के खिलाफ वहाँ के देशों में विद्रोह शुरू हो गया और सोवियत संघ ने उसे दबाना शुरू किया, तो नागार्जुन ने उसे संबोधित करके 'क्रांति तुम्हारी तुम्हें मुबारक' शीर्षक कविता लिखी, जिसमें कहा—

क्रांति तुम्हारी तुम्हें मुबारक
भ्रांति तुम्हारी तुम्हें मुबारक
कूट-कपट की भीतरघाती
शांति तुम्हारी तुम्हें मुबारक...

तुम्हें चाहिए अंध अनुगमन
तुम्हें चाहिए ठकुरसुहाती
अनुजों तक के स्वाभिमान से
अब तो तुमको हिचकी आती

प्राहा-पथ पर साँझ-सकारे
तुमने सौ-सौ टैंक उतारे
दंग रह गए वे बेचारे
अपनी सज्जनता के मारे
समझदार वे, दृढ़ गभीर वे
चेक और स्लोवाक वीर वे
दुर्मद, तुमको झेल रहे हैं,
विपदाओं से खेल रहे हैं...

बदल गए हो, तुम तो भाई
रहा न संशय रत्ती-राई...

धन्य क्रेमलिन, धन्य क्रेमलिन
लेकिन यह तो अन्य क्रेमलिन
शरणागत का वधिक क्रेमलिन
क्रूर अधिक से अधिक क्रेमलिन

स्मरणीय है कि जर्मन डेमोक्रैटिक रिपब्लिक में कम्युनिस्ट सरकार के खिलाफ विद्रोह हुआ, तो विश्वप्रसिद्ध मार्क्सवादी नाटककार और कवि ब्रेख्त ने भी विद्रोहियों का साथ दिया था और सरकार को संबोधित कर एक चुभती हुई कविता लिखी थी, जिसकी अंतिम पंक्तियाँ हैं : 'महोदय, संसद ने जनता का विश्वास खो दिया है,/तो ऐसा करें/कि संसद को रहने दें/और जनता को भंग कर दें।'

अब चीनी आक्रमण पर नागार्जुन की प्रतिक्रिया देखिए। चीन के धरती-तल पर खिले जिन कमलों के परिमल से वे मत्त हो उठे थे, अब उन्हीं के बारे में कहते हैं : 'वो निकले जहरीले कीड़े लाल कमल से/तप्त लहू की धार बह चली तुहिनाचल से'। एक कविता में उन्होंने कहा–

पीले बिलोटे ने मार दिया पंजाऽऽ
सर हुआ घायल लेनिन का गंजाऽऽ
हँसता रहा लिउ-शाओ-ची
फि-फि-फि...

'पुत्र हूँ भारत माता का, और कुछ नहीं' कविता में उन्होंने थोड़े विस्तार से कहा है, जो बहुत ही सख्त है–

कामरेड–
नहीं, नहीं, कामरेड नहीं!
आज तो मैं दुश्मन हूँ तुम्हारा!!
पुत्र हूँ भारत माता का;
और कुछ नहीं, हिंदुस्तानी हूँ महज...
प्राणों से भी प्यारे हैं मुझे अपने लोग
प्राणों से भी प्यारी है मुझे अपनी भूमि

कल था वामपंथी कम्युनिस्ट
आज हूँ कम्युनिस्ट दक्षिणपंथी
माओ-शाओ-चाओ-चेन
कल तुम साथी थे
लगते थे सहज-सहोदर
आज तुम शत्रु हो
निशाना हो आज तुम मेरी राइफल का!!

अंत में एक कविता का अंश और—

शांति का हिरन, अहिंसा की गाय—
बाघ ने दोनों को दबोच लिया हाय!
किसका हिरन, किसकी गाय?
नेहरू का हिरन, गाय गाँधी की थी हाय!
कौन था बाघ, कौन था खूँखार?
माओ-चाओ-शाओ की कम्युनिस्ट सरकार!
दुख हुआ मार्क्स को, स्टालिन मुसकाया!
गाँधी के मुँह पर फीकापन छाया!!

अपने देश से कवि को कितना प्रेम है, उसे निम्नलिखित पंक्तियों में देखिए, जो राष्ट्र-गान की याद दिलाता है—

दक्षिण में है नारिकेल-पूगीवन वलयित केरल जनपद
तमिलनाडु की धनुष्कोटि-कन्याकुमारिका
पश्चिम जलनिधि सिंध-कच्छ-सौराष्ट्र
और गुर्जर-परिशोभित
उत्तर का दिक्पाल तुम्हारा महानाम उत्तुंग भाल
गौरीपतिशंकर-तपःपूत कैलाश शिखर दंडायमान है
प्राची में है वरुणालय वह वंग-विभूषण
और वक्ष पर कौस्तुभ मणि-सा विंध्य पड़ा है
जाने कब से!

'महाप्रभु जान्सन' नाम से नागार्जुन की दो कविताएँ हैं। भारत से अंग्रेज चले गए थे, लेकिन कांग्रेसी सरकार ब्रिटेन के साथ-साथ अमरीका से भी

अच्छा संबंध बनाकर रखना चाहती थी। उन्हें यह बात नागवार गुजरती थी, इसलिए पहली कविता में उन्होंने जो व्यंग्य-बाण चलाया, उसमें दो नोकें थीं। एक नोक जान्सन को चुभती थी और दूसरी यहाँ की कांग्रेसी सरकार को। द्रष्टव्य है–

हम काहिल हैं, हम भिखमंगे, तुम हो औढरदानी
अबकी पता चला है प्रभुजी, तुम चंदन हम पानी
हम निचाट धरती निदाघ की, तुम बादल बरसाती
अबकी पता चला है प्रभुजी, तुम दीपक हम बाती

नोट करने लायक बात है कि संत रैदास की भक्ति-भाव में डूबी हुई उक्तियाँ केवल संदर्भ बदल जाने से कितनी कँटीली हो गई हैं। वियतनाम का जिक्र पहले हो चुका है। संभवत: कलकत्ते की किसी मजदूर बस्ती में नागार्जुन ने तीन साल के बच्चों को यह नारा लगाते हुए सुना और यह दृश्य देखकर आनंद के मारे द्रवित हो गए–

सुने इन्हीं कानों से मैंने तुतलाहट में गीले बोल
तीन साल वाले बच्चों के प्यारे बोल, रसीले बोल :
'मेले नाम तेले नाम
विएनाम विएनाम
मेले नाम तेले नाम
विएनाम विएनाम'

जब मोरारजी देसाई के प्रधानमंत्रित्व में जनता पार्टी की सरकार बनी, तो उस सरकार ने हर चंद कोशिश की कि अमरीका, चीन और भारत को मिलाकर एक सोवियत-विरोधी धुरी बनाई जाए। मोरारजी देसाई का कम्युनिस्टों के प्रति अस्पृश्यता का भाव प्रसिद्ध था, लेकिन इस बार वे यह भूल गए। उस समय चीनी कम्युनिस्ट पार्टी के अध्यक्ष थे हुआ। नागार्जुन ने एक कविता लिखी, जिसमें कहा–

देख लो, ऊपर से अमृत-बिंदु चुआ...
हुआ, जो हुआ!
यहाँ तो, जी, अपने गाँव में
जाने क्या तो हुआ

कलवाली डायन वो
निकल आई हमारे बच्चों की बुआ!

अंतिम बात यह कि सिद्धांत और विचारधारा पर नागार्जुन का मानववाद हमेशा हावी रहा है। इसका प्रमाण है ईराक–इरान युद्ध पर लिखी गई उनकी कविता तो है ही, 'कैसा लगेगा तुम्हें?' शीर्षक कविता भी है, जिसे हम देख चुके हैं। पहली कविता का अंश–

बारूदी उल्का–पुंज
झुलसे हैं बार–बार
प्रणय–मुखर द्राक्षा–कुंज
बार–बार हुए हैं लहूलुहान
अरब और फारस के जवान...
रागारुण सुंदरियाँ बनेंगी अवश्य भिखारिनें
परस्पर कलहाक्रांत धन–पिशाच तेल–वणिक्
गिनेंगे 'स्वगत' लाभांक, औरों को लड़ाएँगे

दूसरी कविता अलग से इस बात का प्रमाण है कि मुक्तिबोध की तरह प्रकृति बहुत कुछ नागार्जुन की काव्य–संवेदना का भी अंग थी।

बादल को घिरते देखा है

प्रकृति अनंत और वैविध्यपूर्ण है। स्वभावतः इसका बहुत थोड़ा-सा हिस्सा हमारे अनुभव में आता है। उसके प्रति हमारा दृष्टिकोण उपयोगितावादी भी हो सकता है और सौंदर्यवादी भी। जिनका दृष्टिकोण सौंदर्यवादी होता है, वे उसके साथ सख्य-भाव स्थापित कर लेते हैं, बल्कि उसे अपनी संवेदना का अंग बना लेते हैं। उचित ही त्रिलोचन कहा करते थे कि जिस कवि ने प्रकृति की कविताएँ नहीं लिखी हैं, उसे वे प्रगतिशील कवि नहीं मानते। प्रगतिशील कवि कभी भी शुरू से अंत तक आत्मकेंद्रित नहीं हो सकता, जिससे उसे बाहर की दुनिया से, जिसमें समाज और प्रकृति दोनों शामिल हैं, संबंध स्थापित करना ही पड़ता है। ऊपर प्रकृति के वैविध्य की चर्चा की गई है। वाकई प्रकृति सूक्ष्म से लेकर विराट् तक ही नहीं, परम उदात्त से लेकर परम सुंदर तक है। उसमें पत्थर के छोटे कण से लेकर पहाड़ हैं; ओस-बिंदु हैं, तो समुद्र भी हैं; पुष्प हैं, तो जंगल भी और तितली तथा भ्रमर हैं, तो हाथी भी! नागार्जुन की कविता में प्रकृति के सारे रूप दिखलाई पड़ते हैं और कभी-कभी तो वे उससे इस कदर मिल जाते हैं कि उसी का हिस्सा मालूम पड़ते हैं।

जयशंकर प्रसाद का प्रकृतिपरक एक प्रसिद्ध गीत है, जिसमें अनुभूतियों की गहनता और विलक्षणता ने उसे कालजयित्व प्रदान किया है। उस गीत का पहला बंद है—

ले चल वहाँ भुलावा देर,
मेरे नाविक, धीरे-धीरे!

जिस निर्जन में सागर-लहरी
अंबर के कानों में गहरी—

निश्छल प्रेम-कथा कहती हो,
तज कोलाहल की अवनी रे।

छायावाद के विरोधियों ने उस पर पलायनवादी होने का आरोप लगाते हुए उदाहरण के लिए अक्सरहा इसी गीत का हवाला दिया! नागार्जुन उन यथार्थवादी कवियों में से हैं, जो छायावाद के विरोधी होते हुए भी जल्दबाजी में उसकी किसी खास कविता पर टिप्पणी नहीं करते थे। अकारण नहीं कि शुरू में ही उन्होंने स्पष्ट कर दिया है कि यदि मैं समाज के अंतस्तल में न पैठकर कभी प्रकृति में खो जाऊँ, तो उसके लिए जो भी दंड मिलेगा, उसे भुगतने के लिए तैयार हूँ। उनके घोषणा-पत्र की तरह उनकी 'विवशता' शीर्षक कविता का यह अंश पुनः देखा जा सकता है—

लुटा-लुटाकर स्वर्णकिरण के कोष
ऊँचा-ऊँचा उड़ने को मजबूर
पंख सुनहले जिसके हैं मशहूर
जनजीवन के अंतस्तल तक
घुस न सका यदि मेरा यह कवि,
तो इसमें क्या उसका ही है दोष?
समझ-बूझ लो, फिर करना अभिरोष!
शिप्रा तट पर, तमसा तट पर
चंपक वन में, नीम कुंज में
सादी डालों तुनुक टहनियों वाले जामुन के जंगल में
मेरा कवि
चितकबरी ज्योत्स्ना का अभिसार किया करता है
यदि हो यह अपराध, दंड दो
मैं न बुरा मानूँगा।

'बादल को घिरते देखा है' उनकी पहली प्रकृति-कविता है। वे एक तो मिथिला के निवासी थे और दूसरे, घुमक्कड़, इसलिए उन्होंने 'अमल धवलगिरि के शिखरों पर' बादलों को अपनी आँखों से घिरते हुए देखा था। इसका एक मनोरम वर्णन देखिए—

ऋतु बसंत का सुप्रभात था
मंद-मंद था अनिल बह रहा

बालारुण की मृदु किरणें थीं
अगल-बगल स्वर्णाभ शिखर थे
एक-दूसरे से विरहित हो
अलग-अलग रहकर ही जिनको
सारी रात बितानी होती,
निशाकाल के चिर-अभिशापित
बेबस उन चकवा-चकई का
बंद हुआ क्रंदन, फिर उनमें
उस महान सरवर के तीरे
शैवालों की हरी दरी पर
प्रणय-कलह छिड़ते देखा है
बादल को घिरते देखा है।

'शैवालों की हरी दरी पर' में अभिव्यक्ति का जो नवीन सौंदर्य है, उस पर कोई भी मुग्ध हो जाएगा। पहले के किसी लेख में उद्धृत एक कविता में कवि ने थोड़ी-सी पंक्तियों में पूस मास की सुहावन धूप का वर्णन किया है और उसे 'घिसे हुए पीतल-सी पांडुर' और 'नरम-नरम ऊनी लिबास-सी' कहा है। पुराने शब्द लेकर कहें तो इसमें रूप-साम्य भी है और गुण-साम्य भी।

आचार्य रामचंद्र शुक्ल ने वैज्ञानिक युग में विज्ञान को भी अपनी अनुभूति का विषय बनाने का आग्रह किया था। नागार्जुन ने 'नीम की दो टहनियाँ' शीर्षक कविता में प्रकृति और विज्ञान, दोनों को बहुत खूबसूरत ढंग से मिलाया है—

नीम की दो टहनियाँ
झाँकती हैं सींखचों के पार

यह कपूरी धूप
शिशिर की यह दुपहरी, यह प्रकृति का उल्लास
रोम-रोम बुझा लेगा ताजगी की प्यास

रात-भर जगती रही
खटती रही
अब कर रही आराम
गाढ़ी नींद का आश्वास भर अब मौन से लिपटा हुआ है

—बेखबर सोई हुई है छापने की यह विराट मशीन
उधर मुँह बाए पड़े हैं टाइपों के मलिन-धूसर केस
पर, इधर तो झाँकती हैं दो सलोनी टहनियाँ
सींखचों के पार।

इसी तरह एक बेहद नाजुक कविता का जिक्र किया जा सकता है, जिसमें प्राइवेट बस के एक ड्राइवर ने सामने गीयर से ऊपर हुक से काँच की चार गुलाबी चूड़ियाँ लटका रखी हैं, जो बस की रफ्तार के मुताबिक हिलती रहती हैं। अब कवि के शब्दों में : 'झुककर मैंने पूछ लिया/खा गया मानो झटका/अधेड़ उम्र का मुच्छड़ रौबीला चेहरा/आहिस्ते से बोला : हाँ, सा'ब!/लाख कहता हूँ, नहीं मानती है मुनिया/टाँगे हुए है कई दिनों से/अपनी अमानत/यहाँ अब्बा की नजरों के सामने/मैं भी सोचता हूँ/क्या बिगाड़ती हैं 'चूड़ियाँ/किस जुर्म पे हटा दूँ इनको यहाँ से'। फिर ड्राइवर और कवि की नजरें मिलती हैं। ड्राइवर की बड़ी-बड़ी आँखों में '*दूधिया* वात्सल्य छलक रहा था।' अंत में कवि ने उससे कहा कि हाँ, भाई, मैं भी पिता हूँ। किसको नहीं भाएँगी नन्हीं कलाइयों की ये *गुलाबी* चूड़ियाँ? आपने देखा कि किस तरह कवि ने विज्ञान की रचना बस और एक बच्ची की गुलाबी चूड़ियों को मिलाया है!

पटना, इलाहाबाद और कलकत्ता नागार्जुन के स्थायी पड़ाव थे। अंतिम दिनों में कुछ समय उन्होंने पौढ़ी गढ़वाल और जहरीखाल में बिताया। स्वभावत: इन स्थानों के दृश्य और अनुभव उनकी कविता में घूम-फिरकर आते हैं। इलाहाबाद में झूँसी और दारागंज के बीच बाढ़ आ गई है। उसका वर्णन क्लासिकी भाषा में नागार्जुन इस तरह करते हैं—

बीच का विस्तार
बन गया है आज पारावार
भगवती भागीरथी—
ग्रीष्म में यह हो गई थी प्रतनु-सलिला
विरहिणी की पीठ-लुंठित एक वेणी-सदृश
जिसको देखते ही व्यथा से अवसन्न होते रहे मेरे नेत्र
रिक्त ही था वरुण की कल-केलि का यह क्षेत्र
काकु करती रही पुल की प्रतिच्छाया, मगर यह थी मौन
उस प्रतुनता से अरे इस बाढ़ की तुलना करेगा कौन!

यह नागार्जुन के काव्य के वैविध्य की ओर हलका-सा संकेत है। वे जन-कवि ही नहीं थे, क्लासिकी मिजाज के कवि भी थे। उसका प्रमाण 'विरहणी की पीठ-लुंठित एक वेणी-सदृश' तो है ही, 'काकु करती रही पुल की प्रतिच्छाया' भी है। इससे अलग 'प्रतनु-सलिला' और 'प्रतुनता' भी क्लासिकी शब्द ही हैं।

अब उनकी एक ऐसी कविता देखिए, जो मेरे अनुभव से भी मेल खाती है। जसीडीह के प्राकृतिक चिकित्सा केंद्र से एक बार मैं टहलने निकला, तो मेरे साथ एक सेठ लग गया, जो गल्ले का व्यापारी था। रास्ते-भर वह मुझे अनाज के दाम और उनमें होनेवाले उतार-चढ़ाव के बारे में बतलाता रहा। मुझे खीझ हो रही थी, पर मुझे उसे रोकने का साहस नहीं हुआ। लेकिन नागार्जुन को कौन मना कर सकता था? वे वैसे ही एक सेठ से कहते हैं कि अभी शेयरों के सवाल और नफा-नुकसान की बातें न करें। अभी तो आप हवा खाने आए हैं—

देखिए भी तो, झुकी हैं दूब की नोकें
कितना दमदार है ओस की बूँदों का मोतिया नूर
कैसा प्रशांत है ढाकुरिया का पानी
साफ है आसमान
धुली है धरती
क्रें-क्रें करते हुए कतार में तैर रहे बतख
आप भी गुनगुनाइए क्वाँर के सूरज की अगवानी में।

मार्क्स ने लिखा है कि पूँजीवाद हमारे ऐंद्रिय बोध को कुंठित कर देता है, जिसका मतलब है कि पूँजीपति और सेठ सचेतन मनुष्य नहीं, बल्कि नफा-नुकसान के आँकड़े-भर रह जाते हैं। नागार्जुन ने यहाँ प्रकृति का जो वर्णन किया है, वह सरल होते हुए भी अत्यंत प्रभावशाली है। 'कितना दमदार है ओस की बूँदों का मोतिया नूर' तो अतिशय आकर्षक है ही, प्रशांत जल, स्वच्छ आसमान, धुली हुई धरती, क्रें-क्रें करते कतार में तैरते हुए बतख, क्वाँर के सूरज का आगमन—ये सभी मनमोहक हैं।

नागार्जुन मूलतः किसानी संस्कार के कवि थे, इसलिए वे किसानों को कभी नहीं भूलते हैं। 'शरद-पूर्णिमा' शीर्षक कविता में भी प्रकृति की शोभा का वर्णन करने के पहले उन्होंने फसलों और किसानों का वर्णन किया है—

पके धान की कनकमंजरी एक नहीं, सौ बनी झालरें
उड़द-मूँग की फलियों वाली बेलों की बिछ गईं चादरें

चौकस खेतिहरों ने पाए ऋद्धि-सिद्धि के आकुल चुंबन
शरद-पूर्णिमा धन्य हुई जन-लक्ष्मी का करके अभिनंदन
कुमुद मुदित हैं कहीं, कहीं पर मुकुलित हैं कमलों के कानन
श्वेत घनों से प्रतिबिंबित हैं श्याम सलिल झीलों के आनन
लाख-लाख नक्षत्र टँक गए, नीली चादर बनी अनूठी
शरद-जुन्हाई के आगे दुनिया की सुषमा लगती झूठी

यह पूरा वर्णन अनूठा है। आरंभिक दो पंक्तियाँ तो उत्कृष्ट कवित्व से युक्त हैं ही, बाद की दो पंक्तियों में किसानों के प्रति कवि की ममता छलक उठी है। उसके बाद की दो पंक्तियाँ भी साधारण नहीं हैं। अंतिम पंक्ति सरल है, लेकिन अपनी सच्चाई से प्रभावित करने वाली है।

1957 का साल रहा होगा। पटना कालेज के मिंटो हॉस्टल में नागार्जुन मुझसे भी मिलने आते थे, लेकिन आज वे ऊपर चंद्रकिशोर पांडेय के कमरे में चले गए और मुझे वहीं बुलवाया। उन्होंने केदारनाथ अग्रवाल पर लिखी हुई अपनी कविता सुनाई और उसके बाद खिड़की पर जाकर खड़े हो गए। मैंने पूछा—'क्या है, बाबा?' वे बोले—कोयल बोल रही है! इससे कोयल की कूक के प्रति उनकी कमजोरी जानी जा सकती है। एक कविता में वे उसे 'कलमुँही' कहते हैं, क्योंकि गर्मी आ जाने के बाद भी उसकी कूक उन्हें अब जाकर सुनाई पड़ी है। निम्नलिखित कविता में वसंत और ग्रीष्म का सटीक और सुंदर वर्णन तो है ही, कोयल की कूक सुनकर उससे शिकायत के बावजूद उनका रोमांचक हर्ष देखने में आता है। यह पूरी कविता देखनी होगी—

अबके इस मौसम में
कोयल आज बोली है
पहली बार!

टूसों को उमगे कई दिन हो गए
टेसू को सुलगे कई दिन हो गए
अलसी को फूले कई दिन हो गए
बौरों को महके कई दिन हो गए

झपटी पछिया
दरक गए केलों के पात
लेते ही करवट

तेजाब की फुहारें
छिड़कने लगा सूरज
मुँह बा दिया कलियों ने
देखती रह गई निठुराई के खेल
चुपचाप कलमुँही
भर गया जी
जोरों से कूक पड़ी

अबके इस मौसम में
कोयल आज कूकी है
पहली बार!

'झपटी पछिया', 'दरक गए केलों के पात' और 'तेजाब की फुहारें छिड़कने लगा सूरज'—ये वर्णन सरल दिखते हुए भी सरल नहीं हैं। इनमें यथातथता ही नहीं है, ग्रामीण जीवन का तीखा अनुभव भी है।

पतझड़ का मौसम ऐसा है कि एक ओर उसमें पेड़ों के पत्ते झड़ते हैं और दूसरी ओर कचनार और अमलतास खिलते हैं। कविता के अंतिम बंद में नागार्जुन कहते हैं : 'अभी-अभी/करवट लेंगे बूँदों के सपने/फूलों के अंदर/फलों-फलियों के अंदर'। फूलों और फलों-फलियों के अंदर बूँदों के सपनों को करवट लेते कौन देख सकता है? लेकिन कवि वह भी देख लेता है, क्योंकि उसमें वस्तुओं के भीतर प्रवेश करने की क्षमता होती है। एक बार दिनकरजी ने जनता होटल में बातचीत के क्रम में हम लोगों से कहा था कि 'सुनो, इस टेबुल के भीतर छिपे हुए सत्य का उद्घाटन कविता है।' यह बात थोड़ी भिन्न है, लेकिन इससे पहली बात पुष्ट ही होती है, कटती नहीं है। कविता का ऊपर का अंश है—

अभी-अभी
कोहरा चीरकर चमकेगा सूरज
चमक उठेंगी ठूँठ की नंगी-भूरी डालें
अभी-अभी
थिरकेगी पछिया बयार
झरने लग जाएँगे नीम के पीले पत्ते
अभी-अभी खिलखिलाकर हँस पड़ेगा कचनार

गुदगुदा उठेगा उसकी अगवानी में
अमलतास की टहनियों का पोर-पोर

'पावस, तुम्हें प्रणाम' नागार्जुन की एक प्रगीतात्मक कविता है। इसमें वे वर्षागम से उसी तरह प्रसन्न होते हैं, जिस तरह जेठ के अंतिम या असाढ़ के आरंभिक दिनों में आकाश में काले-काले बादलों को देखकर किसान प्रसन्न होते हैं—

लोचन अंजन, मानस रंजन
पावस, तुम्हें प्रणाम
ताप-तप्त वसुधा दुख भंजन
पावस, तुम्हें प्रणाम
ऋतुओं के प्रतिपालक ऋतुवर
पावस, तुम्हें प्रणाम
अतुल अमित अंकुरित बीजधर
पावस, तुम्हें प्रणाम
नेह-छोह की गीली मूरत
पावस, तुम्हें प्रणाम
अग-जग फैली नीली सूरत
पावस, तुम्हें प्रणाम

इस प्रगीत की शब्द-योजना और तुक-योजना, दोनों ही प्रशंसा योग्य हैं। नागार्जुन पटना के साहित्य सम्मेलन भवन के एक कमरे में ठहरे थे। बरसात के दिन थे। मैं साइकिल से गर्दनीबाग से उनके पास पहुँचा। उन्होंने मुझे देखते ही कहा—तुम जाओ, अभी मैं कविता लिखूँगा। उनकी साफगोई और बेलौसगी से मुझे बहुत प्रसन्नता हुई, लेकिन मैं इस बात को लेकर उत्सुक भी रहा कि उस दिन उन्होंने कौन-सी कविता लिखी। मेरा अनुमान है कि उस दिन उन्होंने यह छोटा-सा प्रगीत लिखा, जिसके बारे में कहा जा सकता है कि 'ज्यों ज्यों निहारिए तेरे ह्वै नैननि, त्यों त्यों खरी निकरै सी निकाई'। पूरा प्रगीत यह है—

फूले कदंब
टहनी-टहनी में कंदुम सम झूले कदंब
फूले कदंब
सावन बीता

बादल का कोष नहीं रीता
जाने कब से वो बरस रहा
ललचाई आँखों से नाहक
जाने कब से तू तरस रहा
मन कहता है, छू ले कदंब
फूले कदंब
झूले कदंब

मतिराम की तरह इस प्रगीत की खूबसूरती पर आप गौर करेंगे तो 'टहनी-टहनी में कंदुम सम झूले कदंब' और 'मन कहता है, छू ले कदंब'—ये दोनों उक्तियाँ आपके मन को मोह लेंगी।

नागार्जुन को बरसात तो मुदित करती ही है, उससे धुला हुआ पौधे का एक पत्ता भी मुदित कर देता है, जैसे—'धूप में खिले पात' शीर्षक छोटी-सी कविता उन्होंने वर्षा के जल में धुले सिर्फ एक पत्ते को देखकर लिखी है—

वर्षा में अनावृंत धुले पात
फीके थे कल, आज खुले पात
धूप के जादू में खिले पात
मस्तानी हवा में हिले पात
जादुई साँचे में ढले पात
भूल गए दाह-दिन भले पात
वर्षा में अनावृत धुले पात
फीके थे कल, आज खुले पात

प्रकृति के प्रति गहरे लगाव का इससे बढ़कर प्रमाण क्या होगा?

कम्युनिस्ट ज्ञात और अज्ञात, दोनों ही रूपों में नास्तिक होता है यानी किसी अतिप्राकृत शक्ति में उसका विश्वास नहीं होता। एक कविता में नागार्जुन की स्वीकृति है 'पछाड़ दिया मेरे आस्तिक ने'। इसमें वे कार्तिक महीने के आरंभ में भोर में ही धान के खेतों की ओर टहलने जाते हैं। पहले वह वहाँ का अभिराम दृश्य उपस्थित करते हैं—

शुरू-शुरू कातिक में
निशाशेष ओस की बूँदियों से लदी हैं

अगहनी धान की दुद्धी मंजरियाँ
पाकर परस प्रभाती किरणों का
मुखर हो उठेगा इनका अभिराम रूप...
टहलने निकला हूँ 'परमान' के किनारे-किनारे
बढ़ता जा रहा हूँ खेत की मेड़ों पर से आगे
वापस मिला है अपना वह बचपन
कई युगों के बाद आज
करेगा मेरा स्वागत
शरद् का बाल रवि...
चमकता रहेगा घड़ी-आधी घड़ी
पूर्वांचल प्रवाही 'परमान' की
द्रुत-विलंबित लहरों पर
और मेरे ये अनावृत चरण युगल
करते रहेंगे चहलकदमी
सैकत पुलिन पर
छोड़ते जाएँगे सादी-हलकी छाप...
और फिर आएगी हँसी मुझे अपने आप पर
उतर पड़ूँगा तत्क्षण पंकिल कछार में
बुलाएँगे अपनी ओर भारी खुरों के निशान
झुक जाएगा यह मस्तक अनायास
दुधारू भैंसों की याद में...

कविता जब अंत की ओर बढ़ती है, तो वे कहते हैं—

आज... उगते सूरज को
देर तक देखेंगे, जी भरकर देखेंगे
करेंगे अर्पित बहते जल का अर्घ्य
गुनगुनाएँगे गद्गद होकर—
'ओं नमो भगवते भुवन-भास्कराय
ओं नमो ज्योतिरीश्वराय
ओं नमः सूर्याय सविते...।'
देखना भाई रत्नेश्वर, जल्दी न करना!

लौटेंगे इत्मीनान से
पछाड़ दिया है आज मेरे आस्तिक ने मेरे नास्तिक को
साक्षी रहा तुम्हारे जैसा नौजवान 'पोस्ट-ग्रेजुएट'
मेरे इस 'डेविएशन' का!

'डेविएशन' शब्द में कम्युनिस्टों पर करारा व्यंग्य छिपा है, जो शब्दों के सतही अर्थ को ही देखते हैं और उनके मर्म तक पहुँचने की शायद क्षमता नहीं रखते। भारतीय मनीषा की सर्वश्रेष्ठ उपलब्धि वेदांत की प्रशंसा करने पर जब कम्युनिस्टों में सबसे बड़े विद्वान श्रीपाद अमृत डांगे को भारतीय कम्युनिस्ट पार्टी के अध्यक्ष-पद से हटा दिया जा सकता है, तो सूर्य की अगवानी में माथा झुकाने वाले और उसे भगवान मानने वाले कवि को तो एक क्षण में पार्टी से बाहर कर दिया जा सकता था। अच्छा किया कि नागार्जुन ने पहले ही पार्टी छोड़ दी।

प्रकृति के सभी रूपों और सभी ऋतुओं से नागार्जुन को प्रेम रहा है। वस्तुतः ऐसा देश दुनिया में और कोई नहीं है, जहाँ हेमंत, शिशिर, वसंत, ग्रीष्म, वर्षा और शरद् का स्पष्ट बोध हो। हमारे कवि ने इस देश में रहकर इन सभी ऋतुओं का जी भरकर आनंद लिया है। शिशिर के बारे में उसका यह कथन देखिए—

हजार बाँहोंवाली शिशिर-विष-कन्या
उतरी लेकर साँसों में प्रलय की वन्या
हिमदग्ध होंठों के प्राणशोषी चुंबन
तन-मन पर लेप गए ज्वालामय चंदन
एक-एक शिरा में सौ-सौ सुइयों की चुभन
अद्‌भुत यह भुजपाश अद्‌भुत आलिंगन

'ज्वालामय चंदन' और 'अद्‌भुत यह भुजपाश अद्‌भुत आलिंगन'—इन दोनों पंक्तियों में विरोधाभास है। शिशिर की अनुभूति चंदन की तरह शीतल भी लगती है, और साथ-साथ ज्वाला की तरह जलाती भी है। इसी तरह 'भुजपाश' और 'आलिंगन' सुख भी देते हैं और असह्य दुःख भी, ठीक विरह-व्यथा की तरह, जिसमें आनंद भी है और विषाद भी!

अब आप एक ऐसी कविता देखिए, जिसमें एक नदी के साथ कवि की आत्मीयतापूर्ण बातचीत है। अच्छी-भली नदी, जिससे फलियों और छीमियों के अंदर मोती अंगड़ाइयाँ लेते थे, एक दिन सूख गई। कवि बड़ी आत्मीयता से नदी से पूछता है—

नदी रानी, नदी रानी, कैसी हो तुम!
क्या हुआ तुमको?

नदी गुस्से में कहती है–

ना, ना, कुछ न बोले कोई मुझसे...
मैं नहीं देती जवाब किसी के सवाल का!...

कवि फिर उससे कहता है–

मालूम भी तो पड़े आखिर
किसने क्या कहा है तुमसे, नदी रानी?
बतला भी तो दो उसका नाम!
नहीं बतलाओगी? नहीं?

अब नदी उत्तर देती है–

मुझे चिढ़ा रहा था नीम का बिरवा!
बना रहे थे मुँह–
जामुन और गूलड़ के बौने पेड़!
मार रही थी मुझे ताने लचकीली बेंत!
अभी कल की बात है,
मार दिया था मुझे कंकड़ एक छोकरी ने
फूट ही जाती आँख...
बच गई मैं तो!

इतना ही नहीं, वह यह भी कहती है–

अभी उस रोज आ गए झूमते-झूमते
एक साँड़-साहब...
धँस गए बेखटके मेरी धार के अंदर
मिटाया तन का ताप
बुझाई रग-रग की प्यास
देखते रहे गौर से अपने टूटे सींग, परछाईं के अंदर!
फिर जाने ललकारते रहे किसको!

फिर जाने दुहराते रहे विजय के कैसे-कैसे नारे!
देखना नहीं चाहती मैं इस मूर्ख को...
नाहक मुझे परेशान करता है बीच-बीच में आकर!
किनारे की मिट्टियाँ मुलायम
उकेर-उकेर जाता है खुरों और सींगों से!

इस कविता के संबंध में मुझे सिर्फ एक ही बात कहनी है कि पंत के 'नौका-विहार' से इसकी तुलना करने पर दो युगों की कविता का अंतर एकदम स्पष्ट हो जाता है। निश्चय ही युगांतर के कवि बहुत कम होते हैं।

'सुबह-सुबह' भी एक प्रगीतात्मक कविता है, यद्यपि यह गद्य में है। कवि माघ के महीने में सुबह-सुबह तालाब के दो फेरे लगाता है, रात्रि-शेष की भींगी दूबों पर नंगे पाँव चहलकदमी करता है, जिससे कड़ी सर्दी के मारे उसके हाथ-पैठ ठिठुरकर सुन्न हो जाते हैं। तत्पश्चात् गाँव के कुछ लोगों के साथ वह अधसूखी पतइयों का कौड़ा तापता है, जिसमें आम के कच्चे पत्ते जलाए जाते हैं। उनका कड़ुआ-कसैला 'सौरभ' लेकर वह अपने को धन्य मानता है। अंत में वह कहता है—

सुबह-सुबह
गँवई अलाव के निकट
घेरे में बैठने-बतियाने का सुख लूटा
सुबह-सुबह
आंचलिक बोलियों का मिक्स्चर
कानों की इन कटोरियों में भरकर लौटा
सुबह-सुबह

यहाँ कवि ने प्रकृति के साथ गाँव के लोगों और उनकी बोली-बानी को इस कदर मिलाया है कि वे भी प्रकृति का अंग हो गए हैं। अंतिम पंक्तियाँ तो लाजवाब हैं, जिनसे प्रकृति और उसके अधिकाधिक संपर्क में रहने वाले लोगों का वर्णन अत्यंत प्रभावशाली हो उठा है।

परसों (6 मार्च, 2016) मैं गाँव गया था। हाजीपुर से लेकर चाँदपुरा तक मुझे दोनों ओर आम के मँजराए हुए वृक्ष मिले, जिनसे उठने वाली महमह मेरे मिजाज को मुअत्तर बनाए रही। पहले मुजफ्फरपुर जिले को बिहार का 'गार्डेन' कहा जाता था। अब जब मुजफ्फरपुर से वैशाली जिला अलग हो गया है, तो

वह बिहार के आम्र वृक्षों का 'गार्डेन' है। मुझे रास्ते और गाँव के बगीचों के मंजरित आम्र-वृक्षों को देखकर सिर्फ नागार्जुन की कविताएँ याद आती रहीं। मंजरियाँ दूधिया भी थीं, सुनहरी भी और ताँबई भी। आप उनकी 'वसंत की आगवानी' शीर्षक एक कविता देखें, जिनमें मंजरियों का किन्नरियों के रूप में वर्णन करके कवि ने उन्हें अप्सरा बना दिया है—

रंग-बिरंगी खिली-अधखिली
किसिम-किसम की गंधों-स्वादोंवाली ये मंजरियाँ
तरुण आम की डाल-डाल टहनी-टहनी पर
झूम रही हैं...
चूम रही हैं—
कुसुमाकर को! ऋतुओं के राजाधिराज को!!
इनकी इठलाहट अर्पित है छुई-मुई की लोच-लाज को!!
तरुण आम की ये मंजरियाँ...
उद्भित जग की ये किन्नरियाँ
अपने ही कोमल-कच्चे वृंतों की मनहर संधि-भंगिमा
अनुपल इनमें भरती जातीं
ललित लास्य की लोल लहरियाँ!!
रंग-बिरंगी खिली-अधखिली...

निराला का क्लासिकी मिजाज का चाँदनी पर लिखा गीत प्रचंड है : 'कैसी सुहाई जुन्हाई,/निशा में दिवा फिर आई'। गिरिजा कुमार माथुर की भी इस विषय पर एक कविता है : 'यह झकाझक रात,/चाँदनी उजली कि सूई में पिरो लो ताग,/चाँदनी को दिन समझकर बोलते हैं काग'। लेकिन हम गौर करेंगे तो पता चलेगा कि दोनों रचनाओं में से किसी रचना में चाँदनी सक्रिय नहीं है। इनके बरअक्स नागार्जुन ने चाँदनी का जो वर्णन किया है, उसमें चाँदनी उछलती है, नाचती है, कूदती है और फिसलती है। निश्चय ही उसका इस रूप में वर्णन पाठकों के लिए कविता का एक नया अनुभव होगा। वह वर्णन देखिए—

पीपल के पत्तों पर फिसल रही चाँदनी
नालियों के भीगे हुए पेट पर, पास ही
जम रही, घुल रही, फिसल रही चाँदनी

पिछवाड़े बोतल के टुकड़ों पर–
चमक रही, दमक रही, मचल रही चाँदनी
दूर उधर, बुर्जी पर उछल रही चाँदनी

आँगन में, दूबों पर गिर पड़ी
अब मगर किस कदर सँभल रही चाँदनी
पिछवाड़े, बोतल के टुकड़ों पर
नाच रही, कूद रही, उछल रही चाँदनी
वो देखो, सामने
पीपल के पत्तों पर फिसल रही चाँदनी!

वर्षा और बादलों से नागार्जुन को विशेष प्रेम रहा है, इसलिए जब उनके ऊपर बादलों की फुहियाँ पड़ती हैं, तो वे उसे 'जादुई परस' कहते हैं। कविता के अंत में : 'चिर-आकुल रीते प्राणों में/भर गया न जाने कितना रस/यह आँगन में उतरे जाने/किन सुधियों के छौने सारस/जादुई परस!/जादुई परस!!' जुगनू पर बहुत कवियों ने लिखा है। काव्य-प्रेमियों को उस पर लिखी गई फिराक की लंबी नज्म याद होगी। इस विषय पर लिखी गई नागार्जुन की कविता भी देखने लायक है, जो 'गीली भादों/रैन अमावस...' से शुरू होती है। इन दो पंक्तियों में से दूसरी पंक्ति से कवि की भाषा का संकेत मिलता है, जिसके उनकी कविता में अनेक स्तर हैं। यहाँ वह स्तर दिखलाई पड़ता है, जो लोक-अभिव्यक्ति के काफी निकट है। इस कविता का भी एक बंद देखिए–

कैसे ये नीलम उजास के
अच्छत छींट रहे जंगल में
कितना अद्‌भुत योगदान है
इनका भी वर्षा-मंगल में
लगता है ये ही जीतेंगे
शक्ति-प्रदर्शन के दंगल में
लाख-लाख हैं, सौ हजार हैं
कौन गिनेगा, बेशुमार हैं
मिल-जुलकर दिप-दिप करते हैं...
कौन कहेगा, जल मरते हैं
जान भर रहे हैं जंगल में

इसमें 'नीलम उजास' तो ध्यातव्य है ही, 'जंगल' और 'दंगल' की तुकबंदी खूब है! तुकें जब सटीक होने के साथ-साथ अप्रत्याशित होती हैं, तब मजा आता है। देवदार एक ऐसा वृक्ष है, जो समुद्र-तल से आठ-नौ हजार फीट ऊपर ही दिखलाई पड़ता है, लेकिन एक देवदार समतल पर अन्य वृक्षों के साथ आ गया है। नागार्जुन उसे 'पाहुन उदार' कहकर उसके प्रति अपना आदर-भाव प्रकट करते हैं। कहते हैं : 'ओ, हे, तुम/पहाड़ी तरुओं में, पाहुन उदार/सजीले, प्रिय देवदार!' अगली कई कविताओं में उन्होंने पहाड़ी बादलों का वर्णन किया है, जो अच्छी धूप पर पता नहीं किधर से आकर हावी हो जाते हैं!

पंजाब में रहते हुए उन्होंने झेलम पर एक अद्‌भुत कविता लिखी, जिसे पूरा देखें बगैर काम न चलेगा। कविता है—

ठीक 3.20 पर एक हादसा हुआ...
मई-जून की वो भरी-पूरी झेलम
नील-निर्मल प्रवाहों वाली वो वितस्ता
मेरे ऊपर से होकर गुजरी—पिछली रात!
लगातार आधा घंटा तक, नहीं, 45 मिनट लगे!
प्रवाहित होती रही मुझ पर से
मैं लेटा रहा, निमीलित नेत्र...
मन ही मन जागरूक, मोद-मग्न...
आशीष की मुद्रा में मेरे होंठ हिलते रहे
जी हाँ, झेलम को हड़बड़ी थी—
वो सिंध से मिलने जा रही थी
मुझे झेलम पिछली रात निहाल कर गई!

काबिलेगौर है कि नागार्जुन ने प्रकृति के संबंध में अपनी गहनतम अनुभूतियों को किन-किन विधियों से चित्रित करने का प्रयास किया है। झेलम के बाद चनाब। एक अर्से बाद जब कवि चनाब से मिलता है, तो देखता है कि वह मटियाले झाग उछालती बेसब्री से पछाड़ पर पछाड़ खा रही है। नागार्जुन को इससे थोड़ा आश्चर्य होता है और उससे कहते हैं—

पहली बार
लगातार कई दिनों तक
साथ रहा हमारा...

तब स्फटिक-सी स्वच्छ थी
पारदर्शी, प्रवहमान, तरल
अपने अंदर लाख-लाख वॉट विद्युत् समेटे...
वो तू नहीं थी क्या?
मेरी प्रिय सखी,
चंद्रमागा!

विद्वानों ने स्वच्छंदतावादी कविता का मूल तत्त्व कल्पना को बतलाया है और यथार्थवादी कविता का मूल तत्त्व अनुकृति को। यह कथन गलत नहीं है, लेकिन इसे आत्यंतिक रूप में नहीं लेना चाहिए, क्योंकि स्वच्छंदतावादी कविता में भी अनुकृति होती है और यथार्थवादी कविता में भी कल्पना का प्रयोग किया जाता है, भले ही उच्छल रूप में नहीं। नागार्जुन की नीचे उद्धृत 'चाँद की हँसुली' शीर्षक कविता ने कल्पना के स्पर्श से क्या गुल खिलाया है, यह देखने लायक है। जैसे उसके एक स्पर्श ने साधारण प्रकाश को बिजली की कौंध में बदल दिया है! कविता है–

नीचे,
बहुत नीचे
बहोत नी ी ी ी चे ` ` `...
सतपुली-सी गहराई में
अच्छी-खासी पहाड़ी नदी
प्रवाहित है जाने कब से...
बीसियों पतले स्रोत
मिलकर धारा बनते हैं न!
चक्करदार पहाड़ी सड़कों से देखने पर
ये नदियाँ चाँदी की हँसुली-सी लगती हैं

हमारे कवि को जैसे वर्षा के जल से धुला हुआ एक पत्ता प्रहर्षित कर देता है, वैसे ही घास की नोकों पर अँटके हुए ताजे ओस-बिंदु–

ओस के ताजे बूँद
उगते सूरज की अगवानी में
चमक रहे हैं

घासों की नोक-नोक
धन्य हो गई...

इस कविता के उत्तरार्द्ध में कवि ने यह भी बतलाया है कि कैसे विज्ञान और उद्योग प्रकृति को देश-निकाला दे रहे हैं। पंक्तियाँ हैं—

जरा-सी तो जगह बची थी
फिलहाल यह उनकी 'बगीची' है
पड़ोसी के पास भी...
दिल तो होगा ही...
मगर वो दिल
कुटीर निर्माण के चालू प्रोजेक्ट में
कट-फट गया है शायद...

लेख के आरंभ में हाथी का भी जिक्र किया गया है। 'चलते-फिरते पहाड़' शीर्षक कविता में कवि ने केरल के एक हाथी को संबोधित किया है। उसके संबोधन में उसके प्रति जो एक सम्मान का भाव है, वह निश्चय ही उस विशाल जंतु के योग्य है—

केरल के 'गुरुवायूर' देवस्थान के परिसर में
चालीस है तुम्हारी तादाद
सुना है वहाँ तुम्हारे महानायक की
अर्धांगिनी का प्राणांत हुआ
तब आपने कई दिनों तक
अन्न-जल त्याग दिया था
तुम्हारा 'महाशोक' तब कैसे कम हुआ?
बतलाओ भी तो जरा!
ओ, धीर प्रकृति के चलते-फिरते पहाड़?

कथात्मक कविताएँ

कथा-तत्त्व साहित्य के लिए कोई नई चीज नहीं है। पहले महाकाव्य रचे जाते थे। खंड-काव्यों की परंपरा आज भी किसी न किसी रूप में चल रही है। इनके लिए भी पुष्ट या क्षीण कथा-तत्त्व अनिवार्य है। महाकाव्य तो बिना पुष्ट कथा-तत्त्व के हो ही नहीं सकता था। यदा-कदा इधर जो खंड-काव्य लिखे जाते हैं, उनमें कथा-तत्त्व क्षीण होता है, जैसे कुँवर नारायण के खंड-काव्य। गद्य-साहित्य तो कथा-तत्त्व को लेकर ही है। नाटकों में कथा को अप्रत्यक्ष रूप से पात्रों के माध्यम से प्रस्तुत किया जाता है। इधर जरूर ऐसे नाटक लिखे और मंचित किए जा रहे हैं, जो एकमात्र कथा-तत्त्व पर अवलंबित नहीं हैं।

कथा-तत्त्व के बारे में विद्वानों का कहना है कि वह इतनी व्यापक वस्तु है कि स्फुट कविताओं में ही नहीं, गीति-काव्य में भी पाया जाता है। पुरानी कविता से उदाहरण लेना हो, तो सूर और विद्यापति के पद कथा-तत्त्व से युक्त हैं। सूर को लेकर तो कोई संदेह ही नहीं है, विद्यापति के पद भी कथात्मक हैं, अपने गीतों पर एकमात्र जिनका प्रभाव रवींद्रनाथ ने स्वीकार किया है। आधुनिक कविता में निराला की 'जुही की कली' की कविता तो कथात्मक है ही, उनका 'नयनों के डोरे लाल' गीत भी कथात्मक है।

नागार्जुन ने दसेक कथात्मक कविताएँ लिखी हैं, जिनमें विषयगत और वस्तुगत विविधता है, कभी-कभी चौंकानेवाली। उसी हिसाब से उनकी भाषा में भी फर्क है। रहीम अकबरी दरबार के महत्त्वपूर्ण कवि थे। उन्होंने अवधी भाषा में 'बरवै नायिका भेद' नामक ग्रंथ बनाया था, जो कि उस भाषा में अपने विषय का सर्वश्रेष्ठ ग्रंथ है। कहा जाता है कि तुलसीदास ने उसी से प्रेरित होकर 'बरवै रामायण' की रचना की थी। नागार्जुन के मन में उन्नीस मात्राओं के इस छंद और उसकी लय के प्रति अकूत आकर्षण था। इस कारण उन्होंने अपना काव्य 'भस्मांकुर' तो बरवै में लिखा ही, अपनी कई अन्य कविताएँ भी इसी छंद में लिखीं, यथा—'कपिलवस्तु में', 'पाषाणी' और 'राम और लक्ष्मण'।

'कपिलवस्तु में' ढाई पृष्ठों की एक कविता है, जिसमें सिद्धि प्राप्त कर केवल सिद्धार्थ के घर आने का वर्णन है। इस कविता में उनके पिता शुद्धोदन का वात्सल्य, रानी प्रजावती की व्याकुलता और अंत:पुर का उदासी से भरा वातावरण, यही वर्ण्य विषय है। इससे अंदाजा लगाया जा सकता है कि नागार्जुन का विश्वास पुराने ढंग की आरंभ, मध्य और जोरदार अंतवाली परंपरागत प्रबंध-कविताओं में नहीं था। इस कविता के आरंभ की ये पंक्तियाँ देखिए, जिनकी भाषा पूरी तरह से क्लासिकी है–

जरा-जीर्ण, कृशकाय, विवर्ण, उदास
शुद्धोदन थे सिंहासन-आसीन
पाद-पीठिका पर रखकर पद-पद्म
शासन तथा व्यवस्थापन में दक्ष
ज्ञान-वृद्ध, वयवृद्ध, शाक्य गण-युक्त–
अर्धचंद्र-आकृति परिषद् था मग्न

एक बात मैं निवेदन कर दूँ नागार्जुन निराला की तरह लिंग और मात्रा को आवश्यकता से अधिक महत्त्व नहीं देते थे। उनके ध्यान में हमेशा कविता का वातावरण रहता था और वे उसी को लेकर चलते थे। निराला का प्रसिद्ध गीत है : 'ओस पड़ी, शरद आई।/हरसिंगार मुसकाई'। इसमें दोनों ही बातें द्रष्टव्य हैं। एक तो 'हरसिंगार' का स्त्रीलिंग में प्रयोग है, जिससे डॉ. रामविलास शर्मा ने गलत ढंग से उनका बचाव करने की कोशिश की है। दूसरे, पहली पंक्ति में जहाँ तेरह मात्राएँ हैं, वहाँ दूसरी पंक्ति में सिर्फ बारह।

शुद्धोदन यह सोचकर विचलित हो जाते हैं कि उन्हें सिद्धार्थ का भिन्न रूप में स्वागत करना पड़ेगा। वे कहते हैं–

कनक कांति तन पर गैरिक परिधान
मस्तक-मुंडित, कर में भिक्षा-पात्र!
हमें परखने आए हो तुम देव?
हो न सकेगा भगवन् मुझसे सह्य
नियति का नहीं यह निर्मम परिहास–
लौटा दो प्रभु हमको वह सिद्धार्थ...
भ्रमर सदृश हों जिसके कुंचित केश,
हो जिसके हिय में ममता का लेश...

बुद्ध पर निर्ममता का आरोप वे इसलिए करते हैं कि वे अपनी युवा पत्नी और सद्यःजात पुत्र को छोड़कर आधी रात में सिद्धि-प्राप्ति के लिए चुपके-से घर छोड़कर चले गए थे। जब वे घर आए तो पूरे घर में श्मशान की शांति विराज रही थी। 'सुन पदध्वनि बाहर आई तत्काल/प्रजावती मानव जंगम कंकाल—/ दुबली-पतली रूखी-सूखी पांडु/बहे जा रहे थे नयनों से नीर—/बिंदुमाल अविरल कपोल-पथ पांथ'।

'जाति गौरत गंगदत्त' एक बिलकुल भिन्न कविता है। इसमें तुकें तो मिलती हैं, लेकिन यह बातचीत की लय के सहारे चलती है। उदाहरणार्थ—

कहीं था एक कुआँ
राह के किनारे
बरगद के सहारे
छोटा पर गहरा
देते थे गंगदत्त
सदल-बल परिवार
मेढकों के सर्दार
पथिकों को लगातार
बनाते हुए बहरा
देते थे पहरा

वे आराम से अपने परिवार और टोली के साथ रह रहे थे कि एक घटना घट गई। उसमें एक दूसरा मेढक भी अपनी टोली के साथ आ गया। गंगदत्त के सुख में बाधा पड़ी, इसलिए वे चिंतित हो उठे। किसी तरह से कुएँ के बाहर आए और एक सर्पराज के पास जाकर उससे प्रार्थना की— 'प्रभो, आप मेरे साथ चलकर कुएँ में रहें। वहाँ आपको भोजन की कोई समस्या नहीं रहेगी। मेरा प्रतिपक्षी मेढक-दल आपके भोजन के लिए पर्याप्त है।' पहले तो उस साँप ने फन फैलाकर गंगदत्त पर ही फुँफकारा, लेकिन फिर उसके आश्वासन देने पर वह मान गया और उसके पीछे-पीछे कुएँ में पहुँच गया। कुएँ में पहले तो उसने गंगदत्त के विरोधी-दल के मेढकों को एक-एक कर चट किया, फिर जब वह समाप्त हो गया, तो उसके अपने मेढकों को अपना आहार बनाने लगा। यह देखकर गंगदत्त घबड़ा गया और कुएँ से भागकर बाहर आ गया। कुएँ में सिर्फ उसकी पत्नी, पुत्र और पुत्री रह गए थे। आगे देखिए—

एक दिन मेढकी से
कहा उस साँप ने—

'भद्रे, प्रिय मित्र को
लाओ बुलाकर
बाहर जाकर
बच्चों को यहीं पर
मेरे पास रहने दो
दुख मुझे सहने दो
ये रहें सुख से।'

मेढकी गंगदत्त को बुलाने जाती है, कुएँ में अपने पुत्र और पुत्री को छोड़कर। गंगदत्त अपनी पत्नी से कहता है कि तुम मेरे पास ही रहो और—

कह दो दूर से—
उस महाक्रूर से—
'मर जा शैतान रे
और मत फुसला तू
जहन्नुम में जा तू
गंगदत्त फिर नहीं
आएगा कूप में
किसी भी रूप में'

इस कविता का क्या अर्थ हो सकता है? नागार्जुन ने अपनी ओर से कुछ आरोपित नहीं किया है, इसलिए आप इसमें जाति-द्रोह का कुपरिणाम भी देख सकते हैं और आत्मरक्षा की स्वार्थपरता भी। विश्वास नहीं होता कि जिस कवि ने 'कपिलवस्तु में' शीर्षक कविता लिखी है, उसी ने 'जाति गौरव गंगदत्त' शीर्षक यह कविता। क्या यह बात छोटे पैमाने पर 'राम की शक्ति-पूजा' और 'कुकुरमुत्ता' से तुलनीय नहीं है?

'कपिलवस्तु में' शीर्षक कविता में भी बौद्ध धर्म का समर्थन नहीं है, क्योंकि बुद्ध ने लौकिक जीवन की उपेक्षा कर सिद्धि-प्राप्ति के लिए गृह-त्याग किया था। 'भिक्षुणी' कविता में नागार्जुन ने एक भिक्षुणी के माध्यम से बौद्ध धर्म की सीमाएँ अच्छी तरह से उजागर कर दी हैं। वह बुद्ध से कहती है कि मैं बुद्ध, धर्म और संघ की शरण में इसलिए आई थी कि एक मानवी के जीवन का सच्चा और स्वाभाविक रूप जान सकूँ, पर हुआ क्या?—

रटाने पर रटती है जैसे मदनसारिका
मैंने भी वैसे रटा सूत्रपिटक सारा,

तुम्हीं हो साक्षी भगवान अमिताभ!
हुई कुछ सयानी फिर
तुम्हारा वह मध्यमार्ग समझने का यत्न किया
महायान-हीनयान सभी मैं जान गई
किंतु नहीं जान सकी–
मानव का मानवी का सहज यान क्या है!

वह बुद्ध से निवेदन करती है कि मैंने अति तो देख ली, अब दूसरी अति भी देखना चाहती हूँ। तभी मेरी समझ में आपका मध्यम मार्ग आएगा। वह घुटने टेककर उनके सामने बैठ जाती है, फिर 'शिशिर-शशिलेखा' की तरह उठती है और महसूस करती है कि विजन-विहार की शत-शत प्रतिमाएँ उसी को घूर रही हैं। उसे लगता है कि हेरुक, वज्र, भैरव और दंडपाणि–सभी उस पर हँस रहे हैं। वह अत्यंत अशांत है। कहती है–'शांति का अभिनय उसे ही करने दो/क्योंकि वह बुद्ध है!/रुदन और हास को रोकना जानता!/देखो तो कैसा सुभग है, स्वस्थ है;/उसके मुख मंडल की आभा अमित है'! फिर वह बुद्ध की ओर घूमकर कहती है–

अभी तो तरुणी हूँ–
चौंकते युव-जन
भिक्षापात्र लेकर जब मैं निकलती
मेरा यह काषाय...
जाने किस-किसको उन्मादित करता
यह मुंडित मस्तक उत्तेजित करता
कलित-ललित कवि को
कोमल कलाकार को
भगवान अमिताभ!

उसे चिंता है कि कल जब वह गलितयौवना और पलितकेशा हो जाएगी, तो उस पर किसकी दृष्टि उठेगी? इस कारण वह एक सहचर चाहती है। लौकिक जीवन के प्रति उसका यह आकर्षण देखिए–

देकर तिलांजलि मिथ्या संकोच को
हृदय की बात लो, कहती हूँ आज मैं–
कोई एक होता
कि जिसको

अपना मैं समझती
भले वह पीटता, भले ही मारता,
किंतु किसी क्षण में प्यार भी करता
जीवन-रस उँड़ेलता मेरे रिक्त पात्र में;
भूख मातृत्व की मेरी मिटा देता;
स्त्रीत्व का सुफल पाकर अनायास
धन्य मैं होती!
कृतकृत्य होती!
भगवान अमिताभ, तब,
पूजा के समय पर कितने उत्साह से
घंटा मैं बजाती!
तन्मय हो कितनी, आरती उतारती!
पास ही होता नटखट शिशु खेलता
यदि किसी भद्रमुख प्रतिमा से ढिठाई वह करता,
दिखा-दिखा तर्जनी मैं उसे रोकती!

इस कविता की भाषा भी विषय के अनुरूप है—न पूर्णतः क्लासिकी, न पूर्णतः सहज। स्मरणीय है कि नागार्जुन ने हिंदू धर्म के भेद-भाव और रूढ़ियों से ऊबकर बौद्ध धर्म को स्वीकार किया था। 'यात्री' के स्थान पर हिंदी लेखन के लिए 'नागार्जुन' नाम उसी का स्मारक है। यह कविता खास तौर से इस बात का प्रमाण है कि वे बौद्ध धर्म से विमुख होकर सहज लौकिक जीवन की ओर उन्मुख हो रहे हैं। उसी की चरम परिणति उनके मार्क्सवादी होने में हुई।

जैसा कि ऊपर संकेत किया जा चुका है, 'पाषाणी' कविता भी बरवै छंद में ही रचित है। इसकी भाषा क्लासिकी नहीं है, लेकिन शिष्ट और शालीन है। उदाहरणार्थ—

आम्र-वृक्ष की छाया में आसीन
मुनि गौतम थे ध्यान-मग्न, ज्यों मीन—
पड़ा हुआ हो निद्रा-सुख में लीन
पुष्करिणी के बीच, अचल, निश्चेष्ट
राम और लक्ष्मण दोनों के हाथ
हुए संपुटित, प्रणत-शीश-संलग्न।

यह कविता अपने पति गौतम ऋषि से शापित अहल्या पर लिखी गई है। नारीवाद का आंदोलन शुरू होने से बहुत पहले 1947 में नागार्जुन ने यह कविता लिखी थी। ऋषि के आश्रम के भीतर राम ने देखा कि एक नारी-प्रतिमा भू-लुंठित पड़ी थी। उनके मुँह से बोल नहीं फूटा और वे वहीं पर धम्म-से बैठ गए। वह अहल्या थी, जो मृत नहीं हुई थी, क्योंकि मिथ्या होने के कारण पति का शाप उसे नहीं लगा था, पर वह शिलीभूत हो गई थी। राम ने उसके सिर से लेकर तलवे तक पर अपना हाथ फेरा, फिर उसकी पलकें खुलीं, दृष्टि टिमटिमाई और आँखें चमक उठीं तथा होंठ फड़क उठे। उस प्रतिमा ने राम से कहा—

'कौन देव, तुम मेरे हृदयाहार?
असुर क्रूर, तो सुर हाते हैं धूर्त;
क्षणमति होते किन्नर औ' गंधर्व,
दुर्विदग्ध संशयी, हृदय से हीन
होता मानव, तुम हो उससे भिन्न।
धन्वंतरि का कर-पल्लव-संस्पर्श,
घनश्याम, बतलाओ, तुम हो कौन?
पाषाणी में डाल दिए हैं प्राण।'

राम के परिचय देने पर अहल्या ने उनसे ऐसी बातें कहीं, जो राजाओं के विलासितापूर्ण जीवन को अनावृत करती हैं—

'वत्स, राजकुल में पाया है जन्म
कभी बनोगे तुम्हीं कोसलाधीश
फिर चरणों पर नानादिग्देशीय
अर्पित होंगे शत-शत सुंदर फूल
(अनाघ्रात अस्पष्ट सहज कमनीय)!
अंतःपुर में षोडशियों के मध्य
बिता सकोगे तुम भी फिर दिन-रात
शरद शिशिर मधु ग्रीष्म और बरसात—
नहीं अहल्या याद रहेगी तात!'

तत्पश्चात् राम ने अहल्या के सामने प्रतिज्ञा की कि वे उसे कभी नहीं भूलेंगे, नारी के प्रति कभी क्रूर नहीं होंगे, दूसरा विवाह कभी नहीं करेंगे और उनके अंतःपुर

में षोडशियों का जमघट कभी नहीं लगेगा। 'फूल? फूल, माँ, वसुधा के शृंगार/ अपने-अपने वृंतों में संश्लिष्ट/रहकर ही लगते हैं क्या न ललाम?' और 'चरणों पर जो नानादिग्देशीय/अर्पित होंगे शत-शत सुंदर फूल/(अनाघ्रात अस्पृष्ट सहज कमनीय)/नहीं करेगा राघव उनका स्पर्श...'। इससे अहल्या आविष्ट हो गई और राम को आलिंगन में लेकर कौसल्या और दशरथ की प्रशंसा करते हुए जनकपुर की यात्रा पर उन्हें विदा किया। अब इस कविता की संप्रेष्य वस्तु को आज के नारीवाद से मिलाइए, जिसका एकमात्र एजेंडा है पुरुष की तरह स्त्री के लिए भी यौन स्वच्छंदता की वकालत!

अगली कविता 'राम और लक्ष्मण' में ये दोनों विश्वामित्र के साथ उक्त यात्रा के लिए निकलते हैं। तीनों अवधपुरी से निकलकर मगध की भूमि में प्रवेश करते हैं। वहाँ वे गंगा-तट पर रुकते हैं। गंगा का एक वर्णन, जो नागार्जुन की तीक्ष्ण कल्पना व चित्रण-क्षमता का परिचायक है—

क्रमशः घटती क्रमशः होती क्षीण—
इस धारा की शांत चपल हिलकोर
देखो लक्ष्मण! करती है किस भाँति
सिकतामय सित पट पर बारंबार
ऋजु, कुटिला दोनों लिपि का व्यवहार।

ऋषि द्वारा गंगा की महिमा तथा इर्द-गिर्द के जंगलों की भयावहता का वर्णन करते हुए काफी रात हो जाती है। फिर तो—

कोटि-कोटि नक्षत्रखचित आकाश,
अमित नेत्रमय मानो श्याम शरीर...
लगे घूमने होकर परम अशंक
भूत, प्रेत, राक्षस रजनीचर जंतु।
वृद्ध वनस्पति की लेकर वह ओट
उगा क्षीणप्रभ प्रियदर्शन शीतांशु।
कृष्णपक्ष की दशमी का शृंगार,
नहीं हर्ष का कर पाया संचार।
मुनि ने कहा कि सो जाओ अब तात!
आधी से भी अधिक हो गई रात।

स्पष्टतः इस कविता में कोई कथा नहीं है, सिर्फ एक घटना का कथात्मक ढंग से वर्णन है।

'रत्नगर्भ' शीर्षक कविता बातचीत की लयवाले मुक्तछंद में लिखी गई है। इसका भी संबंध बुद्ध से ही जुड़ता है, क्योंकि इसमें बख्तियारजी खिलजी नालंदा विहार में अवलोकितेश्वर और अमिताभ की मूर्तियाँ तोड़ता है और उनके गर्भ में संचित रत्नों को लूट ले जाता है। नागार्जुन के शब्दों में–

नीलमणि पद्मराग स्फटिक और वैदूर्य
महामूल्य फीरोजा प्रियदर्शन चंद्रकांत
स्थूलतम मौक्तिकों की महोज्ज्वल एकावली
निकले महार्घ मणि
काँसे की ललित-वलित मूर्तियों के पेट से

जब वह विहार के भीतर गया, तो वहाँ प्रौढ़ा रमणियों की बिल्वस्तनी मूर्तियाँ देखीं। उसने सोचा कि उनकी ओर ताकना शरीयत के खिलाफ है, इसलिए उन्हें चूर-चूर कर देना ही ठीक है। 'फिर क्या था, बर्बर/टूट पड़े उन पर/पड़ने लगे सत्वर/छेनी और मुद्गर/उभरे उरोजों पर/उन्नत नितंब पर/बोलते-से मुखड़ों पर/कंबु-सम ग्रीवा, क्षीणतम कटिदेश/अविनिंदित कर-चरण/सुगठित सुगोल बाहु/सरल-स्निग्ध दृष्टिपात/स्मित भास्वर अधरोष्ठ/उपमाहीन त्रिबली/ प्रज्ञापारमिता, दशमहाविद्या/उग्रतारा, नीलतारा/सब पर पड़ी चोट/सभी हुईं विकलांग'। कवि के शब्दों में ही : 'खिलखिलाया खिलजी–/छिः यही नालंदा/यही थे वे आलिम/फैल रही थी जिनके इल्म की शुहरत/अरबो/यूनान तक/तुर्कों तातार तक'!

सामने एक ऊँची वेदी थी। उसी पर बुद्ध प्रतिष्ठित थे। खिलजी के घुड़सवारों ने अवलोकितेश्वर की मूर्ति को तोड़ा था। वह खुद दिल्लीवाली जूती पहने वेदी पर चढ़ गया और ठोकर मारकर प्रतिमा को गिरा दिया। उसके दोनों दृगों पर जो नयनमणियाँ थीं, वह भी चूर-चूर हो गईं। खिलजी पैशाचिक अर्थलोभ से युक्त लुटेरा था। उसका आक्रमण धर्ममूलक नहीं था, इसलिए इसका प्रश्न ही नहीं उठता कि इस्लाम के किसी अनुयायी ने उस समय इसका समर्थन किया होगा। आज भी उस स्थिति में कोई फर्क नहीं आया।

नागार्जुन की असली प्रबंध-कविता है 'महाभिनिष्क्रमण से पूर्व', लेकिन यह निष्क्रमण वर्धमान महावीर का है, बुद्ध का नहीं। एक मत यह भी है कि महावीर लिच्छवि-कुल में उत्पन्न हुए थे और नंदिवर्धन के अनुज थे। यह

कविता शृंगार छंद में लिखी गई है, जिसमें भी सोलह मात्राएँ होती हैं। ज्ञातव्य है कि 'कामायनी' का 'श्रद्धा' नामक सर्ग इसी छंद में रचित है, जिसका आरंभ इन पंक्तियों से होता है : 'कौन तुम ? संसृति-जलनिधि नीर/तरंगों से फेंकी मणि एक,/कर रहे निर्जन का चुपचाप/प्रभा की धारा से अभिषेक'? इस कविता की आरंभिक पंक्तियाँ हैं—

कि इतने में आ पहुँचा एक
वृद्ध ब्राह्मण, लकुटी वह टेक
उठाकर कंपित दहिना हाथ
लगा कहने, 'जय हो गणराज
नंदिनवर्धन लिच्छविकुल-केतु!
सुखी हों दोनों, हो अतिदीर्घ—
वीरवर वर्धमान की आयु।
सुधीजन का मानस जलजात
कहाँ है अनुज तुम्हारा तात?'

स्पष्ट है कि एक वृद्ध ब्राह्मण महावीर को खोजता हुआ आता है और आगे उनसे अपने स्वप्न की कहानी कहते हुए उन्हें ढेरों आशीर्वाद देता है। उसने रात स्वप्न में देखा है कि महावीर ने घर-द्वार छोड़ दिया है और पूरी तरह से मोह-मुक्त होकर सत्य की खोज में निकल पड़े हैं। अंततः उन्हें सत्य की प्राप्ति होती है और ऐरावत पर सवार होकर देवराज इंद्र तक उनसे मिलने आते हैं। चतुर्दिक् उनका यश फैल जाता है और लाखों लोग उनके शरणागत होते हैं।

यह कविता संवाद-प्रधान है। ब्राह्मण और नंदिवर्धन का संवाद, फिर ब्राह्मण का महावीर से संवाद, फिर नंदिवर्धन का महावीर से संवाद और अंत में महावीर का नंदिवर्धन से संवाद।

बहुत पहले एक कथाकार ने मुझसे कहा था कि कहानी में दो चीजें बहुत कठिन होती हैं—एक तो संवाद लिखना और दूसरे, उपयुक्त तुलना का प्रयोग करना। तुलना को तो देरिदा ने इतना महत्त्व दिया है कि उसी से कविता को परिभाषित किया है। कहा है कि 'गिलास में पानी है' कहना जहाँ गद्य है, वहाँ 'गिलास में हीरा है' कहना कविता है। नागार्जुन को कविता में न संवाद लिखने में कठिनाई होती है, न सटीक उपमा के प्रयोग में।

ब्राह्मण का संवाद वर्धमान से जारी रहता है। वह उनके सत्य प्राप्त कर लेने के बाद समाज में होनेवाले परिवर्तन का चित्र खींचता है। वह परिवर्तित

समाज नागार्जुन का आकांक्षित समाज है, जिसमें मनुष्य बिकेंगे नहीं, कोई झूठ नहीं बोलेगा, सारे ईर्ष्या-द्वेष समाप्त हो जाएँगे, घृणा मिट जाएगी, मनुष्य आचरण और बुद्धि से देवताओं से भी बढ़ जाएगा, रुचियाँ बदल जाएँगी और मानस पवित्र हो जाएगा, जिसमें समता के जलजात खिलेंगे, ब्राह्मण का दंभ दूर हो जाएगा, राजकीय लालसाएँ भी समाप्त हो जाएँगी, वैश्य का लालच नष्ट हो जाएगा, शूद्र उन्नत और स्वाधीन होगा, स्त्रियाँ पुरुषों के बराबर होंगी तथा गुण और शील ही मनुष्य की कसौटी होंगे। इतना कहकर वह ब्राह्मण लाठी टेकता हुआ चला जाता है। घड़ी-भर रात बीत चुकी थी।

महावीर अपने कक्ष में लौटते हैं। वहाँ दास और दासी उनकी सेवा के लिए उपस्थित होते हैं। वे लगातार सोच रहे थे, सो उनसे कहते हैं कि क्या तुम सदा गुलाम बने रहोगे और जूठा ही खाते रहोगे? पशु की भाँति तुम्हें लोग बेचते रहेंगे और तुमने चूँ नहीं की कि तुम्हारी जिंदा खाल खींच लेंगे। तुमसे अच्छे तो कुत्ते-बिल्ली हैं, कीट-पतंग हैं और ज्यादा क्या कहें, राख की कीमत भी तुमसे ज्यादा है। दास-दासी सन्न रह जाते हैं। वे उत्तर में उन्हें कुछ कहना चाहते हैं। महावीर—तुम्हें उत्तर देने का पूरा अधिकार है। मुझे 'सरकार' मत कहो, क्योंकि मैं देवकुमार नहीं, तुम्हारे समान ही सामान्य व्यक्ति हूँ। दोनों महावीर की इन बातों पर आश्चर्य प्रकट करते हैं और समझ नहीं पाते कि उन्हें क्या हो गया है।

तत्पश्चात् नंदिवर्धन महावीर से कहते हैं कि तुम धन-धान्य से भरी ऐसी भूमि छोड़कर कहाँ जाना चाहते हो? वे जिन शब्दों में उन्हें समझाते हैं, उसका एक उदाहरण, जिससे नागार्जुन की सरल भाषा में विरल सौंदर्य के दर्शन होते हैं—

देखकर हरे-भरे ये क्षेत्र
मुदित होते न तुम्हारे नेत्र
निबिड़ नीला पट कटि में डाल
प्रसारित कर चितकबरे पाल
करों में निज पतवार सँभाल
नाव खेते हैं धीवर-बाल
लादकर लाते रहते माल
रजत, कांचन, मणि, मुक्ताजाल
पद्म, हीरक, वैदूर्य, प्रवाल
हंस लांछित कौशेय दुकूल
क्षौम-जनरुचियों के अनुकूल

अगरु, कस्तूरी, चंदन-खंड
वन्यपशु, शृंग, चँवर, गजदंत
काँस, पीतल, लोहा औ' ताम
गिनाऊँ यदि चीजों के नाम
सुबह से हो जाएगी शाम...
लादकर लाते रहते माल
नाव खेते हैं धीवर-बाल

हमने देखा कि ब्राह्मण की बातों से महावीर के मन में जो अस्तित्वव्यापी वैराग्य-भाव उत्पन्न हुआ, उसका अंदाजा नंदिवर्धन ने आसानी से लगा लिया था। स्वभावतः वे उन्हें हर तरह से रोकने का प्रयास करते हैं, लेकिन वे अब पहले वाले महावीर नहीं रह गए हैं, इसलिए लंबे संवाद के बाद वे उनसे अंत में कहते हैं—

चले जाने दो अब मतिमान
चाहते यदि मेरा कल्याण
मुझे प्रिय है बस केवल ज्ञान
करूँगा उसका अनुसंधान
वृथा यह ममता नाहक मोह!
तात! मत रोको मुझको ओह!!

फिर महावीर के साथ क्या हुआ, यह सभी जानते हैं। शंकराचार्य के बौद्ध धर्म-विरोधी अभियान के बाद बौद्ध भारत भूमि से लगभग समाप्त हो गए, लेकिन आश्चर्य की बात है कि महावीर जैन के मतावलंबी अभी भी इस देश में अच्छी संख्या में मौजूद हैं।

'चंदना' नागार्जुन की एक अन्यतम प्रबंध-कविता है। यह कवित्त की लय पर आधारित 'जुही की कली' वाले मुक्तछंद में रची गई है। इसमें आठ वर्णों पर विराम का विधान है। जहाँ वर्णों की संख्या कम या कुछ ज्यादा होती है, वहाँ पढ़ने के ढंग से लय को अक्षुण्ण रखते हैं। इस तरह कविता में पाठ-विधि के महत्त्व का पता चलता है। 'चंदना' की कथा भी ऐतिहासिक है। कौशांबी-नरेश शतानीक चंपा पर आक्रमण करते हैं। कवि के शब्दों में—

वत्स नृप शतानीक चंपा पर चढ़ आए
रातोरात घेर लिया नगरी को सैन्य ने

पुत्र, पुत्री, दारा,
सारा का सारा,
छोड़कर परिजन, पुरजन, कोष, बल
भाग गए दधिवाहन चंपापति दुर्ग से
झुक गया विजयी के चरणों पर अंग देश
मान लिया अनुशासन।

यह उद्धरण एक तो कविता की विषयवस्तु से हमारा परिचय कराता है और दूसरी ओर उस ऐतिहासिक वातावरण को मूर्त करने वाली भाषा से। अंग देश की पराजय के बाद शतानीक ने अपने सैनिकों को यह छूट दे दी कि वे लूट-पाट करके कौशांबी की ओर प्रस्थान करें, क्योंकि प्रवास में हमें काफी दिन हो गए।

फिर क्या था, महामत्त सैनिक लूट-पाट करने लगे। ऊँटसवार एक सैनिक को रानी और उसकी सुपुत्री कुमारी वसुमती हाथ लगी। उसने तय किया कि कुमारी को बेच दूँगा और रानी को रख लूँगा। सैनिक की दुरभिसंधि ताड़कर रानी ने एक पथिकशाला में आत्मघात कर लिया। कौशांबी पहुँचकर वह सैनिक कुमारी वसुमती को हाट में बेचने गया, जिसके सुस्मित प्रियदर्शन मुख को देखकर उसे धनावह सेठ ने मुँहमाँगे दाम पर तत्क्षण खरीद लिया। उस समय वसुमती की अवस्था आठ-नौ बरस थी। घर आकर उसने उसे अपनी सेठानी को सौंप दिया, जिसने बड़े लाड़-प्यार से उसका पालन किया। वसुमती इतनी सुशील और शीतल प्रकृति की थी कि उसका नाम ही पड़ गया 'चंदना'। तत्पश्चात् उस पर किशोरावस्था आई। नागार्जुन की विषयवस्तु के अनुसार रूप ग्रहण कर लेनेवाली भाषा में—

हो गई किशोर वह पार कर बचपन
मादक मधुरिमा आई उभार पर
एक पर एक लगी पँखुरी खिलने
शत-शत दृगों का
बन गई केंद्र-बिंदु
कमल की कलिका।

एक दिन गर्मी के दिन में दोपहर को सेठ थका-माँदा बाहर से आया। चंदना ने देखा कि घर में कोई नहीं है, सो गृहपति का चरण-कमल धोने के

लिए सोने की झारी लेकर स्वयं ही बढ़ आई। 'उस समय उसका/मुक्त था कुंतल/सेठ को दया हुई/भ्रमर-सदृश घुँघराले बाल/कीचड़ में पड़कर होंगे खराब क्यों?/उठाकर उनको अपने ही हाथ से/जूड़े की शक्ल में बाँध दिया उसने!' सेठानी ने यह दृश्य खिड़की से देख लिया। फिर तो उसने सेठ के बाहर जाते ही नाई बुलवाकर चंदना के सुंदर बाल कटवा दिए। कोड़े से पीट-पीट कर उसे बेहोश कर दिया और तलघर में साँकल चढ़ाकर डाल दिया। दूसरी ओर उसने सभी दासियों को सेठ से इस बात का जिक्र करने से सख्ती से मना कर दिया।

तीन दिनों के बाद भी जब सेठ को चंदना नहीं दिखलाई पड़ी, तो उसने उग्र रूप धारण किया और कहा कि यदि वह नहीं मिली, तो मैं पूरे घर को जला दूँगा और जान दे दूँगा। एक बुढ़िया दासी ने अपने जीवन का मोह छोड़कर सेठ को सही-सही बात बतला दी। सेठ स्वयं तलघर को खोलकर कुमारी वसुमती को देखा : 'पैर थे निगड़ में, बेड़ियों में हाथ थे,/मुंडित था मस्तक/वक्षस्थल नग्न था.../दृग दोनों रो-रो कर आए थे सूज/कुमारी वसुमती का बहुत बुरा हाल था'! सेठ वसुमती का यह हाल देखकर विचलित हो गया। उसने उसके प्रति हार्दिक स्नेह जताया और रसोईघर में यह खोजने गया कि उसे खाने के लिए क्या दूँ। कहीं कुछ नहीं था, सिर्फ सूप में कुलथी के थोड़े-से दाने पड़े थे। वह वही लेकर आ गया और उसकी बेड़ियाँ खोलने के लिए लुहार को बुलाने गया।

एक विचित्र संयोग यह कि उसी समय भगवान महावीर कौशांबी में घूम रहे थे। एक बार उन्होंने मन में निश्चय कर लिया कि आज 'दीन-हीन उपेक्षित दुर्गत पददलित/अश्रुमुख क्रय-क्रीत दासी के हाथ से' ही भिक्षा-लाभ करूँगा, अन्यथा खाली लौट आऊँगा और निराहार रह जाऊँगा। घूमते-घूमते वे चंदना के तलघर के सामने पहुँच गए। वह मुदित भी हुई, खिन्न भी, सुखित भी हुई, दुःखित भी। वह शृंखला में जकड़ी हुई थी। सोचने लगी, आखिर प्रभु को भिक्षा में क्या दूँ। हारकर शृंखलाबद्ध अवस्था में ही उन्हें कुलथी के दाने ही भिक्षा में दे दिए। वे धन्य हो गए। तत्पश्चात्—

हुई चट शृंखला फूल के आभरण
(पुष्पदाम-वलयित हो गए कर-चरण)
भ्रमर-सदृश काले घुँघराले बाल भी
छा गए शीश पर
जीण-शीर्ण परिधान

चीनांशुक हो गए!
मानो मणिकर्णिका
कोई देव-कन्यका
उतरी हो भू पर;
लगती थी ऐसी ही कुमारी वसुमती...

निश्चय ही यह तथ्य न होकर मिथक है, लेकिन यह स्मरणीय है कि इतिहास जहाँ मिथक को तोड़ता है, वहाँ कविता मिथक बनाती है। धनावह सेठ ने पूरे समाज के सामने उसे मुक्त घोषित कर दिया और अपने विशाल धन-जन की एकमात्र अधिस्वामिनी बना दिया। लेकिन चंदना को परम तत्त्व की झलक मिल चुकी थी। उसने यह बंधन स्वीकार नहीं किया और तीर्थंकर की शरण में चली गई।

प्रश्न है कि क्या यह कथा है, या नागार्जुन इसके माध्यम से कुछ संदेश भी देते हैं? निश्चय ही जीवन में भौतिकता का ही महत्त्व नहीं है, उसमें एक हद तक दार्शनिकता का भी महत्त्व है। प्रत्येक व्यक्ति को किंचित् दार्शनिक भी होना चाहिए, जिससे अपार दुःख में वह विचलित न हो।

'भूमिजा' शीर्षक कविता सोलह मात्राओं के पूर्वोक्त शृंगार छंद में शुरू हुई है, लेकिन थोड़ा आगे बढ़ने पर वह भी बरवै छंद में चलने लगती है। भूमिजा अर्थात् सीता। कहने की आवश्यकता नहीं कि सीता का संपूर्ण जीवन अत्यंत कष्टपूर्ण था। वह पृथ्वी से उत्पन्न हुई थी और महाराज जनक को मिली थी। लेकिन उससे यह बात छिपाई गई और कहा गया कि वह उनकी औरस संतान है। राम के साथ विवाह के बाद अयोध्या के गृह-कलह के कारण वह राम और लक्ष्मण के साथ चौदह वर्षों के लिए वन भी गई। वन में रावण ने उसका अपहरण कर लिया और लंका में उसे बहुत यातनाएँ दीं। लेकिन वह साध्वी स्त्री राम को छोड़कर किसी को अपने हृदय में स्थान देने के लिए तैयार नहीं हुई। अंत में राम ने रावण के साथ युद्ध करके उसका वध किया और सीता उनके सामने लाई गई। उसे अपने चरित्र की परीक्षा देने के लिए अग्नि में प्रवेश करना पड़ा। तभी राम ने उसे स्वीकार किया। लेकिन अयोध्या लौटते ही एक प्रजा-जन के द्वारा उसके चरित्र पर लांछन लगाए जाने के कारण राम ने गर्भावस्था में भी उसे वन में छुड़वा दिया। इस तरह उनके द्वारा सीता 'कुल-कलंकिनी' साबित की गई। वन में उसे वाल्मीकि के आश्रम में आश्रय मिला। फिर उसके दो पुत्र हुए—लव और कुश।

इस कविता के सुंदरतम स्थलों में से लव और कुश का वर्णन ही है–

लव था चंचल, जाने कितनी बार
नापे होंगे मृग–छौने के नेत्र
ले जाते थे उसको अपने साथ
विजन विपिन में अक्सर शबर–किशोर
लाया होगा जाने कितनी बार
लव अपनी कुटिया में बच्चा बाघ
उन्हें छोड़ आता था फिर–फिर आप
करती रहतीं तापसियाँ परिहास
मधु मितभाषी अचपल सहज सुधीर
कुश तो था बचपन में भी गंभीर...

कानों में लटके लघु–लघु रुद्राक्ष
सिर पर शोभित जटाजूट कनकाभ
कटि में शोभित कृष्णाजिन चित्रांक
पग–युग में लकड़ी के नव पदत्राण
नलिनविलोचन, विधुमुख, आयतकर्ण
शंखग्रीव, पृथु वक्ष, सुनाभि, सुबाहु...

अंत में राम के चाहने पर भी, अपने स्वाभिमान के कारण सीता धरती में समा गई, लेकिन लौटकर अयोध्या नहीं गई। महर्षि देखते रह गए। इस तरह यह कविता भी नारी के उत्पीड़न से ही संबंधित है, जो नागार्जुन को हमेशा उद्वेलित करता रहा है।

'भस्मांकुर' नागार्जुन का खंड–काव्य है। यह काव्य वस्तुतः बरवै छंद में रचित, जिसमें कवि ने तुक–संबंधी पूरी स्वतंत्रता लेकर इसे आधुनिक सौंदर्य से युक्त किया है, एक लंबी प्रबंधात्मक कविता है, क्योंकि इसमें सिर्फ तीस पृष्ठ हैं। फिर भी भूमिका और परिशिष्ट के साथ इसका स्वतंत्र रूप में पुस्तकाकार प्रकाशन हुआ था। 'भस्मांकुर' का अर्थ है– भस्म से अंकुरित होनेवाला। तात्पर्य उस काम से है, जिसे शिव ने अपनी तीसरी आँख से भस्म कर दिया था। उसके बाद भी वह जीवित रहा, क्योंकि उसकी पत्नी रति के विलाप करने पर भविष्यवाणी हुई कि उसका पति जीवित है, वह कभी मरेगा नहीं। पहले वह शरीरी था, अब अशरीरी होकर वह और व्यापक हो गया है।

कौन, मदन, तुमको कर सकता नष्ट!
जयति-जयति भस्मांकुर, जयति ***अनंग****!*
जयति-जयति रतिनाथ, कामनाकंद!
जिजीविषा के उत्स, सृष्टि के मूल!
जयति-जयति कंदर्प, अजेय-अमेय!
कौन, मदन, तुमको कर सकता नष्ट!

सवाल उठता है कि काम-दहन को ही नागार्जुन ने अपनी कविता का विषय क्यों बनाया? इस उत्तर के क्रम में हमें पहले 'कामायनी' की ये पंक्तियाँ देखनी चाहिए। श्रद्धा मनु के भीतर जीवनाशा का संचार करने के लिए उनसे कहती है—

काम मंगल से मंडित श्रेय
सर्ग, इच्छा का है परिणाम;
तिरस्कृत कर उसको तुम भूल
बनाते हो असफल भवधाम।

शैव धर्म में काम को सृष्टि का मूल माना गया है। अकारण नहीं कि शैव मंदिरों में शिव और पार्वती के जननांगों की पूजा की जाती है।

तारकासुर अपराजेय था। उसे जीतना देवताओं के लिए असंभव था। हारकर देवता ब्रह्मा के पास पहुँचे और उनसे तारक-वध का उपाय पूछा। ब्रह्मा ने उन्हें बतलाया कि शिव यदि नगाधिराज की कन्या पार्वती से विवाह करें, तो उनसे उत्पन्न होनेवाला पुत्र तारकासुर का नाश कर सकता है। शिव कैलास पर तपस्यारत थे। ऐसी स्थिति में उनमें काम-भावना का संचार करना एक कठिन काम था। यद्यपि पार्वती अपने संपूर्ण रूप-लावण्य के साथ अपनी दो सखियों सहित उनकी सेवा में रत थी, लेकिन उसे वे आसक्तिपूर्ण दृष्टि से कभी देखते ही नहीं थे। इंद्र ने उन्हें विचलित करने का दायित्व कामदेव पर सौंपा। कामदेव अपनी पत्नी रति और सखा वसंत के साथ पहुँच गए। वसंत ने असमय जो कामोत्तेजक वातावरण तैयार किया, वह नागार्जुन की क्लासिकी और रोमानी भाषा के मेल से बनी हुई विलक्षण भाषा में देखने योग्य है—

असमय अंकुर असमय लतावितान
वृद्ध वनस्पतियों का नव परिधान
असमय मुकुलोद्गम, मधुमद चहुँ ओर

असमय कुसुमविलास, हास-हिलकोर
गुंजित अलिदल कंपित कलिकाकोर
असमय चंचल दखिन पवन चितचोर
असमय हरियाली का पारावार
असमय पिककुल मुखरित बारंबार

यह अभिव्यक्ति को दी गई एक नई ऊँचाई है, जो केवल निराला से तुलनीय है। आगे के एक बंद में वसंत अपने बारे में स्वयं कहता है—

मैं नर-कोकिल, मेरी पंचम तान
पीने को उत्सुक रहते हैं कान
मेरे स्वर का है अचूक संधान
मिलन-मनोरथ हो उठता गतिमान
मुझसे दीपित विरहातुर के प्रान
'कुहू-कुहू' सुनते ही घुलता मान

नागार्जुन आधुनिक सोच और संवेदना तथा हास्य-विनोद के कवि थे, इस बात का पता तब चलता है, जब काम रति के साथ शिव के पास जाना चाहता है। रति अपूर्व सुंदरी थी, इसलिए वसंत उससे कहता है—

तुम जाओ, बूढ़े का करो इलाज
भाभी को चाहे ले जाओ साथ
मगर इन्हें तुम रखना अपने पास
मत करना उस खूसट पर विश्वास
पकड़ लिया यदि शिव ने रति का हाथ
सोचो, गौरी का होगा क्या हाल...

यह दो मित्रों का पारस्परिक परिहास था, जिससे काम स्वयं, वसंत और रति भी खूब हँसी।

अब आप कवि के शब्दों में पार्वती का रूप-वर्णन देखिए—

अति सुंदर मुखमंडल, चंपक-कांति
हुई मदन को स्वर्णचंद्र की भ्रांति
भृकुटि-सुरेखित आयत पक्ष्मल नेत्र
उन्मद अलि परिपंखित पद्म समान

तिल पुष्पोपम नासा, ललित कपोल
कंबुग्रीव, कुंचितशिति कुंतल-जाल...
ढले हुए-से कंधे, मृदु भुज-नाल
तनिक उगे सींगों-से युगल उरोज
निराभरण सम-अंतराल, अरुणाभ...
शिशु नागिन-सी रोमावलि निःशंक

पार्वती के बाद शिव का यह किंचित् विस्तुत रूप-वर्णन भी देख लीजिए—

मौलिमाल लालन लोलित युव नाग
चाट रहे पीछे से सुरसरि-फेन
रुचिर हार नागेंद्र, नाग केयूर
नाग वलय, अंगुलिभूषण शिशुनाग
तक्षक, वासुकि, शेष सभी मौजूद
सब हाजिर हैं प्रिय पार्षद की भाँति
प्रतिपल प्रभु का चोला रहे अगोर
पारद की नदियों-सी वारंवार
जटाजूट में दिपती सुरसरि-धार
बालचंद्र उद्भासित लट की छोर
मंद पवन में लेती मृदुल हिलोर
कर्पूरोज्ज्वल दीपित विस्तृत भाल
झेल रहा है मानो यहाँ त्रिकाल
फुहियों की माला, किरणों का जाल

बहरहाल, हुआ यह कि वृक्ष की झुकी हुई डालों पर सवार लता-वितान के भीतर से शिव को लक्ष्य कर काम अपने धनुष पर पुष्प-बाण रखकर उसकी प्रत्यंचा खींचने वाला ही था कि उनका ध्यान क्षण-भर के लिए भंग हुआ और उन्होंने अपनी तीसरी आँख खोलकर काम को भस्मसात् कर दिया। अब रति जल मरने को तैयार हो गई, जिसके बाद ही भविष्यवाणी हुई और वह ऐसा करने से रुक गई।

पार्वती का रूप-गर्व जाता रहा। वह समझ गई कि अपने प्रति शिव के मन में रूप से नहीं, असाधारण तप से ही आसक्ति जगाई जा सकती है। फिर वह तप करने की ओर उन्मुख हुई। कालिदास ने 'कुमारसंभव' में आगे के प्रसंग का बहुत मोहक वर्णन किया है। जब शिव पार्वती की तपस्या से प्रसन्न हो गए,

तब ब्राह्मण का रूप धारण कर उसके घर पर पहुँचे। वह अपनी एक सखी के साथ बैठी थी। वह ब्राह्मण लगातार शिव की निंदा करने लगा। जब वह पार्वती के लिए बर्दाश्त से बाहर हो गया, तब उसने अपनी सखी से कहा—तुम इस ब्राह्मण से कह दो कि अब वह शिव की निंदा न करे, वर्ना मैं भी कुछ कह दूँगी, तो बहुत बुरा होगा। फिर गुस्से से उठकर बाहर जाने को मुड़ी ही थी कि उसके एक वक्षस्थल पर से आँचल खिसक गया। तत्पश्चात् उक्त ब्राह्मण ने पार्वती का हाथ पकड़ लिया, जो उसके दुस्साहस से चकित होकर मुड़ी ही थी कि देखा—साक्षात् शिव!

❑❑❑